Lo que la gente está diciendo sobre el Apóstol Guillermo Maldonado y *Oración de rompimiento*...

Si piensa en la oración como una obligación, ¡piense otra vez! El apóstol Maldonado nos recuerda que la oración es, antes que nada, un lugar en el Espíritu donde estamos unidos con nuestro Padre celestial y somos empoderados para Sus propósitos. Es donde experimentamos la gloria de Su presencia para hacer añicos las fortalezas y liberar a los cautivos. Aprenda a entrar en la presencia de Dios a través de la *oración de rompimiento*, creando una atmósfera espiritual en la que Él se mueve poderosamente para sanar, liberar y transformar vidas. Esta es la oración que Dios siempre escucha, ¡y contesta!

—*Paula White*
Pastora Principal del Centro Cristiano Nuevo Destino, Apopka, FL
Anfitriona de *Paula White Today*

Muchos no oran porque no ven resultados. Si usted supiera que nada sucede en la tierra sin oración. Las enseñanzas del Apóstol Maldonado no solo le mostrarán cómo tener rompimiento tras rompimiento en oración, ¡sino que la oración se convertirá en su más grande gozo!

—*Sid Roth*
Anfitrión de *¡Es Sobrenatural!*

Oración de rompimiento es uno de los libros con mayor revelación que conozco acerca del tema de la oración intercesora. Si usted está frustrado porque no ve respuestas a sus oraciones, este libro es para usted. Si quiere ver respuestas rápidas, ¡este libro también es para usted!

—*Dra. Cindy Jacobs*
Generals International

El Apóstol Guillermo Maldonado está liderando un increíblemente poderoso movimiento de Dios en el mundo. He tenido el honor de ser testigo de su amor y devoción a la presencia de Dios, lo cual crea una atmósfera para que el Señor se mueva en señales, maravillas y milagros. ¡Su ministerio ha tocado incontables vidas con el poder redentor de Jesús!

Su nuevo libro *Oración de rompimiento*, está escrito con un espíritu de excelencia, una marca que distingue a todo lo que hace Maldonado. Este libro es una representación de su impulso y pasión para que la novia de Cristo esté preparada y se asocie con lo que Jesús quiere hacer en la tierra. En sus páginas, no encontrará palabras vacías para recitarle a Dios, sino por el contrario, percepción divina y activación para lograr una comunicación de dos vías con el Padre.

—*Kris Vallotton*
Líder Asociado Principal de la Iglesia Bethel, Redding, CA
Cofundador de la Escuela Bethel del Ministerio Sobrenatural
Autor de trece libros, que incluyen, *De mendigo a príncipe* y
Lluvia abundante

Oración de rompimiento es un excelente libro que trata acerca de lo preciosa y poderosa que es la oración. En este maravilloso libro, recibirá instrucciones sobre cómo edificar una relación personal con Dios el Padre. Sin duda, obtendrá los conocimientos necesarios sobre la prioridad que debe tener la oración sincera, y le enseñará cómo entrar al lugar secreto de oración. Su vida será enriquecida a medida que profundice en el estudio de este libro y aprenda a crecer en oración, para moverse a un ámbito espiritual más elevado. ¡Dios se mueve cuando oramos! Recuerde que, a través de la oración, estamos forjando el futuro y dándole forma al ahora. No pierda tiempo, obtenga este libro y comience su viaje espiritual hacia una vida de oración más profunda y comprometida.

—*Bobby Conner*
Ministerios Vista de Águila

Me gustan las enseñanzas del Apóstol Guillermo Maldonado sobre la oración, porque he presenciado sus oraciones. La oración abre las puertas a lo sobrenatural, y estoy ansiosa por meditar en su libro. Cada creyente necesita estas enseñanzas con el fin de madurar como cristiano. He aprendido mucho del Pastor Guillermo y de su esposa, Ana, acerca de este importante tópico, y estoy a la espera de más rompimientos en oración.

—*Marilyn Hickey*
Ministerios Marilyn Hickey

El Apóstol Maldonado es un vaso ungido de Dios. Su mensaje es del Espíritu Santo, y el Apóstol está lleno de perspicacia y revelación. Él está dotado para traer verdades ocultas. Su caminar espiritual con el Señor se verá enormemente realzado después de leer este libro.

—*Dr. Don Colbert, MD*
Autor más Vendido del *New York Times*

ORACIÓN

DE

ROMPIMIENTO

DONDE DIOS SIEMPRE OYE Y CONTESTA

GUILLERMOMALDONADO

WHITAKER
HOUSE
Español

Editores ERJ: José Miguel Anhuaman y Gloria Zura
Diseño de Portada: Juan Salgado

ORACIÓN DE ROMPIMIENTO:
Donde Dios siempre oye y contesta

Guillermo Maldonado
14100 SW 144 Ave.
Miami, FL 33186
Ministerio Internacional El Rey Jesús / ERJ Publicaciones
www.elreyjesus.org | www.ERJPub.org

ISBN: 978-1-64123-162-6
eBook ISBN: 978-1-64123-168-8
Impreso en los Estados Unidos de América
© 2018 por Guillermo Maldonado

Whitaker House
1030 Hunt Valley Circle
New Kensington, PA 15068
www.whitakerhouse.com

1 2 3 4 5 6 7 8 9 10 11 12 ⊔⊔ 25 24 23 22 21 20 19 18

CONTENIDO

PRÓLOGO

Creo en el arma más poderosa que tenemos los cristianos: la oración. Hace muchos años, estaba al borde de lograr el mayor rompimiento que hubiera tenido hasta ese momento o, por el contrario, caer en el mayor fracaso de mi vida. Acabábamos de plantar nuestra iglesia en Los Ángeles durante la Gran Recesión de 2007. Los Ángeles era golpeada por huelgas, y muchas de ellas ocurrieron en la industria del entretenimiento. La mayoría de las personas que formaban nuestra iglesia, que apenas comenzaba, eran artistas. Estábamos creyendo por mucho más, pero no fue hasta que comenzamos a practicar muchos de los principios cubiertos en este libro, que vimos un verdadero cambio. Mientras la mayor parte de la ciudad estaba sufriendo (incluyendo otras iglesias), nosotros comenzamos a construir y prosperar en nuestra comunidad. Fuimos totalmente contra la corriente, y todo se lo debemos al poder de encontrar al Espíritu Santo a través de un *deliberado estilo de vida de oración.*

Una y otra vez, he presionado en oración como si mi vida dependiera de ello, ¿y sabe qué? ¡Sí depende! También su vida, el bienestar de su familia, de su industria, su nación y su mundo, dependen de la oración. La iglesia tiene poder para cambiar naciones, atmósferas, grupos de personas y problemas de justicia, y todo lo que debemos hacer es orar. Podemos indagar en el corazón del Padre y traer armonía a la tierra, en las esferas de influencia que nos corresponden.

Efesios 1:17 es la clave para la plenitud. En ese versículo, Pablo ora por los efesios para que tengan espíritu de sabiduría y revelación y puedan conocer a Jesús de la manera que Él quiere ser conocido. El corazón de Jesús es lo más hermoso que alguien jamás puede conocer. Mucha gente entra en la gracia salvadora de Jesús sin conocer todo el beneficio que pudieran obtener si profundizaran en Su plenitud, porque eso requiere caminar decididamente a través de la oración. La oración puede ser un medio relacional o una tarea rutinaria, dependiendo de la manera cómo se acerca y la motivación personal que lo lleve a buscarla.

En Juan 17, podemos vislumbrar de manera muy personal la vida de oración de Jesús, cuando Él íntimamente derramaba su corazón al Padre. Allí vemos cuán profundamente nos amaba por la forma cómo nos incluía en Sus oraciones y cómo le pedía al Padre que nos diera la misma unión divina que Él experimentó. Su deseo primordial era, y es, que tengamos un lugar donde podamos tener una relación realmente conectada al Padre, que traiga resultados manifiestos.

El cristianismo moderno ha minimizado el poderoso estilo de vida de oración que la iglesia primitiva usaba como su salvavidas. Por eso, me gusta mucho el libro del Apóstol Maldonado, porque nos hace un llamado a valorar nuevamente la oración. Nos brinda comprensión de las formas modernas como Dios está trabajando, demuestra cómo aplicar el arma más poderosa de nuestro arsenal (de cristianos) y crea incentivos para la oración. Su experiencia y la perspectiva colectiva que incluye brinda un nuevo fundamento al verdadero poder de la oración, uno que lo edificará. El producir poder, provocar pensamientos, brindar soluciones y construir intimidad, todas estas son las cosas que suceden cuando participamos en la oración según el modelo que el Apóstol Maldonado expone en este nuevo y emocionante libro.

—*Shawn Bolz*
www.bolzministries.com
Autor de, *Interpretanda a Dios*, *Los secretos de Dios*, y *Las llaves de la economía del cielo*
Anfitrión del Podcast *Exploring the Prophetic* [Explorando lo profético]

PREFACIO

Oración de Rompimiento es un llamado urgente al cuerpo de Cristo debido a los tiempos que vivimos. A lo largo de los siglos, gran cantidad de libros se han escrito sobre el tema de la oración, y muchos de ellos han sido publicados en los últimos años. Esto se debe a que la práctica de la oración siempre ha sido parte fundamental de nuestra relación con nuestro Padre celestial y es una de las formas de lograr crecimiento espiritual.

Sin embargo, ahora más que nunca, el cuerpo de Cristo en su totalidad y los creyentes individualmente necesitamos *empujar en oración,* aumentar la intensidad de entrega al Señor como nuestro *"primer amor"* (Apocalipsis 2:4) y elevar el nivel de nuestra intercesión para hacer frente a los crecientes desafíos espirituales y la oposición que a diario encaramos. Esto solo sucede cuando entendemos y practicamos la oración de *rompimiento* que nos lleva más allá de la apatía, el miedo, las limitaciones del mundo natural y los obstáculos demoníacos, para convertirnos en la iglesia victoriosa que Dios nos ha llamado a ser. Solo lograremos esto cuando nos movamos por encima del ámbito natural y entremos en el ámbito sobrenatural del poder celestial.

En el capítulo 8, "Claves para la oración de rompimiento", yo escribo:

La oración de rompimiento genera una abrupta, violenta y repentina ruptura de aquello que nos está deteniendo, empujándonos a ir más allá de esa limitación, hacia la libertad. La oración de rompimiento debe ser persistente y consistente, hasta que percibamos que algo se rompe en el ámbito espiritual, y hasta que se manifieste lo que estamos pidiendo. Con el rompimiento, lo que necesitamos viene del mundo espiritual al mundo natural, y podemos verlo en una demostración visible y tangible del poder o la provisión de Dios.

Hoy, el pueblo de Dios necesita rompimientos en todas las áreas —en su vida personal, familia, negocios, educación, salud, emociones y más—. El mundo necesita rompimientos por el poder del evangelio para salvación, sanidad y liberación. La iglesia necesita rompimientos para convertirse en la verdadera novia de Cristo y cumplir así su propósito en la tierra.

Mi oración es que este libro encienda en usted una pasión por la oración y que el Señor lo use además para estos propósitos:

Restauración. He viajado por más de sesenta países, y en la mayoría de esas naciones he visto que, incluso entre cristianos, solo un pequeño porcentaje de la gente ora con regularidad. Debemos desarrollar apetito y compromiso por la oración, dándole prioridad, ya que orar es tan importante para nuestra vida espiritual, como el oxígeno lo es para nuestro cuerpo. Podemos ser restaurados a una relación cercana con Dios a medida que aprendemos a vivir continuamente en Su presencia

Recepción. Estamos en una época de cosecha espiritual en la que se manifestarán todas las oraciones que los creyentes han hecho —desde las oraciones de los patriarcas hasta las nuestras— cuyas respuestas aún no se han revelado en la tierra. La "copa" de las oraciones de los santos, mencionada en el libro de Apocalipsis ya está llena y lista para ser derramada en la tierra. ¡Debemos estar preparados para apropiarnos y recibir estas respuestas!

Preparación. Todas las señales apuntan a que la segunda venida de Cristo está cerca. Solo la oración puede preparar nuestros corazones para este trascendental evento de recibir a nuestro Rey, y empoderarnos para resistir las presiones espirituales, emocionales y físicas de ese momento.

Perseverancia. La atmósfera en la tierra se ha vuelto espiritualmente oscura. Estamos en un período de creciente oposición del enemigo, a medida que el día del retorno de Cristo se acerca. Superar ese tipo de oscuridad requiere un mayor nivel de poder espiritual y autoridad. Jesús nos enseñó a "velar y orar". ¡Debemos aprender a hacerlo ahora!

¡Comprometámonos a orar —a hacer *oraciones de rompimiento*—, que nos permitan vivir en victoria ahora y nos guíen a celebrar a nuestro Rey!

Pido también que les sean iluminados los ojos del corazón para que sepan a qué esperanza él los ha llamado, cuál es la riqueza de su gloriosa herencia entre los santos, y cuán incomparable es la grandeza de su poder a favor de los que creemos.

(Efesios 1:18–19 NVI)

1

EL LUGAR SECRETO DE ORACIÓN

"Mas tú, cuando ores, entra en tu aposento, y cerrada la puerta, ora a tu Padre que está en secreto; y tu Padre que ve en lo secreto te recompensará en público".
—Mateo 6:6

La oración es un *lugar*. Es un lugar secreto en el Espíritu. Allí, nuestra relación con Dios es establecida, y desde allí nos es dado todo lo que pedimos de acuerdo con Su voluntad. Mientras Jesús estuvo en la tierra, habitualmente oraba a solas en el desierto, pero nosotros podemos escoger cualquier lugar y dedicarlo específicamente a la oración. En lo natural, todos necesitamos un sitio físico para representar el lugar espiritual en el que diariamente nos encontramos con Dios. Sin embargo, para poder experimentar la presencia de Dios a plenitud, tenemos que reconocer que la atmósfera es más importante que el lugar mismo. No existe un lugar en la tierra (o en el universo) donde la presencia de Dios no esté; sin importar qué tan escondido pueda quedar. No obstante, aunque el Señor está en todas partes, Él no *manifiesta* Su presencia en todo lugar. Su presencia solo se manifiesta donde es adorado *"en espíritu y verdad"* (Juan 4:23–24).

Jesús nos enseñó que cuando oremos, entremos a nuestro *"aposento"* (lugar de oración), nos encerremos con Dios, y hablemos con Él con fe y confianza, tal como un niño pequeño habla con su padre. Nuestro Padre celestial siempre estará allí esperándonos. Cuando hayamos aprendido a orar en el lugar secreto, descubriremos que nada ni nadie es más importante para nosotros que Dios. En ese lugar, estamos a solas con nuestro Creador, el Rey de reyes, el Todopoderoso, Aquel que todo lo sabe, incluyendo la condición del corazón de cada persona. (Vea, por ejemplo, 1 Juan 3:20; Hechos 1:24). Allí, nos sumergimos en tan dulce comunión con el Señor que no queremos irnos de ese lugar. Nos apasionará estar a solas con nuestro Padre celestial, y eso a Él le agrada. Estar en la presencia de Dios es tan maravilloso que dejamos de preocuparnos por las personas, y nuestros problemas, temores y dudas pasan a segundo plano; ni siquiera nos importa la idea de ganar fama o riqueza. Si cuando estamos orando, seguimos pensando en estas u otras cosas, es que no estamos verdaderamente en la presencia de Dios, porque allí Él se convierte en nuestra única y absoluta realidad.

¿Cómo es el lugar secreto de la oración?

El lugar secreto es...

1. El lugar donde la presencia de Dios es revelada y manifestada

> *Así que, hermanos, teniendo libertad para entrar en el Lugar Santísimo por la sangre de Jesucristo, por el camino nuevo y vivo que él nos abrió a través del velo, esto es, de su carne, y teniendo un gran sacerdote sobre la casa de Dios, acerquémonos con corazón sincero, en plena certidumbre de fe....* (Hebreos 10:19–22)

El sacrificio de Jesús en la cruz nos da acceso a la presencia de Dios, y la oración es el lugar donde ocurre ese acceso. No podemos orar sin primero reconocer que estamos en la presencia de Dios. De hecho, no oramos con el propósito de entrar en Su presencia, sino que oramos *porque* estamos en Su presencia. Orar es reconocer que tenemos una cita divina en la que podemos hablar cara-a-cara con un Dios santo. Por eso, es necesario que entendamos que Él está presente, nos escucha y nos responde. La Escritura dice que cuando el Rey Salomón terminó de construir el templo, el Señor se le apareció y le dijo, *"Yo he oído tu oración y tu ruego que has hecho en mi presencia"* (1 Reyes 9:3).

> **Toda oración comienza cuando reconocemos que estamos en la presencia de Dios.**

Recuerde que, no importa donde vayamos, Dios está con nosotros. Aún si no sentimos Su presencia, Él está allí. El salmista dice, *"Si subiere a los cielos, allí estás tú; y si en el Seol hiciere mi estrado, he aquí, allí tú estás"* (Salmos 139:8). En medio del fuego y la tormenta, en tribulación y persecución, en la soledad y el miedo, Él siempre estará con nosotros. Jesús nos ha prometido en Su Palabra que estará con nosotros *"hasta el fin del mundo"* (Mateo 28:20).

La verdadera oración, por consiguiente, incluye estar conscientes de que estamos en la presencia del Dios Todopoderoso. Para eso necesitamos poner nuestra mirada en Él; es decir, fijar toda nuestra atención y pensamientos en Él, enfocándonos por completo en Su persona. Cuando hacemos esto, halamos la eternidad al ámbito del tiempo.

Mas Él [Jesús] se apartaba a lugares desiertos, y oraba. Aconteció un día, que él estaba enseñando, y estaban sentados los fariseos y doctores de la ley, los cuales habían venido de todas las aldeas de Galilea, y de Judea y Jerusalén; y el poder del Señor estaba con él para sanar. (Lucas 5:16–17)

Todos los días, Jesús se aseguraba de estar en íntima comunicación con el Padre y lleno de Su presencia. Por eso, al salir de Su lugar de oración, Él irradiaba poder. Cuando las multitudes se acercaban a Él buscando sanidad y liberación, Jesús solo tenía que declarar la palabra y un rompimiento sobrenatural ocurría. Después de pasar tiempo en la presencia de Dios, Jesús no necesitaba orar por las personas, porque la atmósfera que portaba —la cual había edificado con Su Padre— producía milagros, señales y maravillas instantáneos. El Padre, al ver las oraciones que Jesús hacía en el lugar secreto, lo recompensaba públicamente.

> La prueba de que estamos orando en la presencia de Dios es que nos convertimos en portadores de Su presencia.

Después de pasar tiempo en el lugar secreto de oración, he tenido experiencias similares. Frecuentemente veo que ocurren manifestaciones sobrenaturales a mi alrededor. Por ejemplo, he visto personas ser sanas sin que las toque o sin que ore por ellas. Los paralíticos se levantan de sus sillas de ruedas, los espíritus demoniacos se manifiestan en lugares públicos y la gente empieza a llorar sin razón aparente. Estas cosas suceden porque la atmósfera de la presencia de Dios sacude el reino de las tinieblas; y éste, cuando es confrontado, no puede seguir operando.

> Nuestra consistencia en la oración se puede medir por el nivel de la presencia y el poder de Dios que portamos.

La presencia de Dios habita en cada creyente en todo momento; no está encerrada bajo llave en el edificio de una iglesia. Cuando estamos plenamente conscientes de esa realidad y pasamos tiempo en comunión con nuestro Padre, en el lugar secreto, dondequiera que vamos portamos la atmósfera de Su presencia; irradiamos Su vida, libertad, poder y gloria. Cualquiera que se mueve en milagros, señales, y maravillas entiende esta dinámica.

¿Qué atmósfera porta usted? ¿Qué sucede cuando ora? Como creyentes, necesitamos estar llenos de la atmósfera del cielo antes de acercarnos a otras personas para orar por ellos. Si usted es un pastor o líder en su iglesia, no espere que alguien más edifique la atmósfera de la presencia de Dios durante un servicio. ¡Usted está llamado a traer la atmósfera de Dios! Al hacerlo, las personas percibirán que usted es diferente a otros, porque un hombre o una mujer que camina continuamente en la presencia de Dios inevitablemente llama la atención, ¡para la gloria de Dios!

2. El lugar donde venimos a conocer a Dios

Debido a que la presencia de Dios se manifiesta en nosotros en el lugar secreto de oración, es allí donde venimos a conocer al Padre. *"Y esta es la vida eterna: que te conozcan a ti, el único Dios verdadero, y a Jesucristo, a quien has enviado"* (Juan 17:3). A medida que oramos, Dios se nos va revelando a Sí mismo, y somos atraídos a Él de manera aún mayor. Él nos pone bajo su cuidado, como Su especial tesoro y parte de Su corazón.

Dios quiere que lo veamos como es. Anhela establecer una relación íntima con nosotros y que nos hagamos uno con Él, así como Él es uno con Su Hijo. Jesús es uno con el Padre por naturaleza, y por medio de Él, somos hijos de Dios por adopción. (Vea, por ejemplo, Juan 10:30; Efesios 1:4–6). La oración es el lugar donde podemos ver a Dios como Él realmente es y recibir Su vida.

3. El lugar donde nos apropiamos del poder de Dios

Cuando hubieron orado, el lugar en que estaban congregados tembló; y todos fueron llenos del Espíritu Santo, y hablaban con denuedo la palabra de Dios.... Y con gran poder los apóstoles daban testimonio de la resurrección del Señor Jesús, y abundante gracia era sobre todos ellos. (Hechos 4:31, 33)

En el libro de los Hechos, cada vez que los cristianos se reunían para orar, el poder de Dios se manifestaba. Esto nos indica que a la iglesia nunca debería faltarle poder. El enemigo ataca la vida de oración de las iglesias y de los creyentes, porque no quiere que tengan acceso al poder y a la gracia sobrenatural de Dios.

Cada vez que ora, usted tiene acceso al poder de Dios.

La oración genera poder. Cuando alguien ora en su lugar secreto, es empoderado en la presencia de Dios para después ir y derramar ese poder sobre otras personas, para que reciban sanidad, liberación y milagros. Recuerde, la Palabra dice, *"Tu Padre que ve en lo secreto te recompensará en público"*. El poder es nuestra herencia como hijos de Dios, pero sólo podemos usarlo legalmente, en un sentido espiritual, a través de la oración que forma parte de una relación íntima con el Padre.

En Hechos 2 vemos que los discípulos permanecieron en oración por varios días, tras los cuales fueron bautizados en el Espíritu Santo. Entonces, Pedro salió y proclamó el mensaje del evangelio; y después de haber predicado solo unos minutos, tres mil almas fueron ganadas para el reino de los cielos. Muchos predicadores hoy hacen lo opuesto —oran unos cuantos minutos y luego predican dos horas—, por eso no ven gente que se salva ni se sana. Lo peor es que se sienten satisfechos haciendo esto, cuando la Palabra de Dios nos muestra que la verdadera oración se confirma cuando Su poder es demostrado tangible y visiblemente.

Antes de darnos poder, Dios quiere que tengamos una relación con Él.

4. El lugar donde participamos de actividad espiritual

El Espíritu de Dios está continuamente activo en la tierra. Cuando usted ora, se convierte en un participante de lo que Él está creando y haciendo en el mundo en este momento, y comienza a edificar atmósferas espirituales en las cuales Él puede obrar. De ahí que, cuando usted entra en contacto con otras personas, les imparte algo de esa actividad espiritual, a través de sanidades, milagros, unción y otras manifestaciones.

La oración produce una fuerte actividad espiritual en nosotros.

Tristemente, una gran parte de la iglesia hoy no sabe cómo orar; como consecuencia, la oscuridad espiritual es cada vez más espesa en la tierra. Esta generación carece de la profundidad espiritual que produce una vida de oración. Así, los predicadores necesitan orar al mismo nivel que desean que llegue su predicación. En otras palabras, la profundidad de nuestra vida de oración determinará la profundidad de nuestro mensaje. Yo le doy mucha importancia a mi tiempo de oración; por lo tanto, el tiempo que empleo para predicar nunca será más importante que mi tiempo de oración, porque sé que la oración genera la actividad espiritual que voy a desatar. No puedo predicar basado solo en el conocimiento que he adquirido en la Biblia. Si quiero producir un movimiento sobrenatural, debo portar conmigo la actividad del Espíritu mientras hablo.

Cuando el espíritu de una persona está vacío, produce palabras vacías. Cuando el espíritu de una persona arde con el Espíritu Santo, desata el poder de Dios a través de palabras ungidas y genera actividad espiritual.

5. El lugar donde obtenemos autoridad espiritual

La autoridad espiritual le pertenece a todos los hijos de Dios, por herencia, a través de Jesús. (Vea, por ejemplo, Lucas 10:19). Sin embargo, tal como sucede con el poder espiritual, nuestro uso de la autoridad espiritual es legal solo cuando mantenemos una relación con nuestro Padre celestial. Una manera importante como Dios nos imparte Su autoridad es a través de la oración. Por eso, cada vez que nuestra vida de oración empieza a disminuir —en nuestra vida personal o como iglesia— nuestra autoridad espiritual se debilita. No solo empezamos a perder autoridad, sino que también empezamos a perder los territorios espirituales que le hemos ganado al enemigo. Hoy vivimos en tiempos extremos en los que el enemigo está haciendo todo lo que puede para disminuir el poder de la iglesia. Por consiguiente, cada día necesitamos nivel mayor de autoridad espiritual, y para eso tenemos que *orad sin cesar* (1 Tesalonicenses 5:17).

Es importante reconocer que la autoridad para lidiar con el enemigo nos es dada solo mientras estamos en la tierra. Fuera de aquí, es ilegal ejercerla. Note que cuando a Aarón —el hermano de Moisés— le llegó el tiempo de morir, su autoridad como sumo sacerdote fue removida y le fue dada a su hijo Eleazar, cuando le pusieron las vestiduras de su padre. *"Y Moisés desnudó a Aarón de sus vestiduras, y se las vistió a Eleazar su hijo; y Aarón murió allí en la cumbre del monte, y Moisés y Eleazar descendieron del monte"* (Números 20:28). Esto significa que usted no tiene que esperar ir al cielo para ejercer la autoridad que Jesús le ha dado sobre Satanás; necesita ejercerla aquí y ahora. Un creyente sin autoridad en la tierra será presa fácil de Satanás; sin duda alguna, el enemigo querrá oprimirlo, incluso destruirlo. He visto cómo algunos hombres mueren tan pronto pierden su autoridad espiritual, mientras otros sufren una total sequía espiritual. Por eso, debemos vivir con sano temor y reverencia a Dios, y caminar en la autoridad que Él nos ha dado.

Permítame señalar aquí que orar consiste en hablar y tener comunión con Dios; no equivale a hacer guerra espiritual. Algunos creyentes tratan de hacer guerra espiritual contra demonios sin tener la apropiada autoridad espiritual para echarlos fuera. La expulsión de demonios no consiste en gritarles o pelear con ellos, sino en conocer la autoridad espiritual que tenemos y operar en ella. Hay espíritus malignos de alto rango que para ser expulsados requieren mayor autoridad que otros de rango más bajo, y esa autoridad se obtiene a través del ayuno y la oración. Jesús les enseñó esta verdad a Sus discípulos cuando, pese a sus muchos esfuerzos, no pudieron echar fuera un demonio que atormentaba a un muchacho. El Señor les dijo, *"Este género no sale sino con oración y ayuno"* (Mateo 17:21). Jesús tenía autoridad para echar fuera demonios de todos los rangos y géneros, porque Él era un Hombre de oración continua que vivía en completa obediencia, sometido a la autoridad de Su Padre.

La oración es el lugar donde obtenemos mayor nivel de poder, para lidiar con demonios de mayor rango.

6. El lugar donde nos sometemos al Señorío de Cristo

Además, el lugar secreto de oración es donde rendimos nuestra voluntad a Dios para que el Señor pueda hacer Su voluntad en nosotros. También es el lugar donde ocurren las más grandes luchas espirituales de los creyentes, ya que es más fácil decir, "Jesús es mi Proveedor" que decir, "Jesús es mi Señor y el Dueño de mi vida".

Mientras estuvo en la tierra, Jesús se sometió al Señorío del Padre. Por ejemplo, cuando supo que era la hora en que debía morir en la cruz, Él oró diciendo, *"Padre, si quieres, pasa de mí esta copa; pero no se haga mi voluntad, sino la tuya"* (Lucas 22:42). Asimismo, para convertirse en Señor de todo, Jesús tuvo que someterse a la voluntad del Padre. De la misma manera, si queremos operar con autoridad celestial, necesitamos ser personas de oración viviendo en total obediencia al Padre. Cada día tenemos que rendir nuestra voluntad al Señorío de Cristo, porque la sumisión total no es algo que se logra en un instante; es una entrega que sucede progresivamente.

> **El poder y la autoridad espiritual se obtienen por nuestra sumisión al Señorío de Cristo.**

7. El lugar de los padecimientos de Cristo

A fin de conocerle, y el poder de su resurrección, y la participación de sus padecimientos, llegando a ser semejante a él en su muerte.
(Filipenses 3:10)

El apóstol Pedro escribió, *"Puesto que Cristo ha padecido por nosotros en la carne, vosotros también armaos del mismo pensamiento; pues quien ha padecido en la carne, terminó con el pecado"* (1 Pedro 4:1). La oración es el lugar donde participamos de los padecimientos de Cristo, puesto que orar requiere obediencia y sacrificio. Jesús les dijo a Sus discípulos, *"Velad y orad, para que no entréis en tentación; el espíritu a la verdad está dispuesto, pero la carne es débil"* (Marcos 14:38). Nuestra carne es débil; por eso, la mayor parte del tiempo no quiere orar. Más si queremos ver que las vidas de las personas son transformadas por Cristo, voluntariamente debemos someter nuestro espíritu a Dios y orar, independientemente de lo que "sintamos" hacer.

Fue después que Cristo sufrió en la cruz, física, emocional y espiritualmente, que Dios desató Su poder de resurrección y lo levantó de entre los muertos. Dios tiene que trabajar *en* nosotros antes de poder trabajar *a través* de nosotros, y hacernos buenos mayordomos de Su gracia. Si a medida que oramos, le permitimos a Dios que nos muestre el pecado que está arraigado en nuestras vidas, que nos lleve al arrepentimiento y al perdón, para que nuestro pecado sea arrancado, entonces conoceremos a Cristo y nos semejaremos a Él en Su sufrimiento. Jesús no tenía pecado, y aun así llevó todo el pecado de la humanidad a la cruz. Soportó todo el sufrimiento para agradar al Padre, para unirse a Sus propósitos y hacer Su voluntad en la tierra. La pregunta es, ¿estaríamos dispuestos a hacer lo mismo?

8. El lugar donde las llaves del reino son activadas

> *Y a ti te daré las llaves del reino de los cielos; y todo lo que atares en la tierra será atado en los cielos; y todo lo que desatares en la tierra será desatado en los cielos.*　　　　(Mateo 16:19)

Las palabras hebreas que se traducen como "atar" y "desatar" eran términos legales usados comúnmente por los rabinos, quienes interpretaban la ley y declaraban lo que estaba prohibido ("atado") y lo que era permitido ("desatado").[1] Jesús usó la expresión hebrea "atar y desatar" para comunicarle a Pedro —y a todos los creyentes— que Él nos da autoridad espiritual en la tierra. Por eso, cuando oramos, declaramos y decretamos; en otras palabras, pasamos "leyes" o "regulaciones"

---

1. Vea, por ejemplo, http://www.jewishencyclopedia.com/articles/3307-binding-and-loosing, and http://www.truthortradition.com/articles/binding-and-loosing.

concernientes a lo que está y no está permitido de acuerdo con la voluntad de Dios, porque tenemos autoridad para hacerlo. Y esa autoridad es ratificada en el cielo porque se origina en Cristo y es parte de Su obra en la tierra. (Vea, por ejemplo, Mateo 16:17–19; Lucas 4:18). Por consiguiente, podemos decir que declaramos legal en la tierra lo que es legal en el cielo, y declaramos ilegal en la tierra lo que es ilegal en el cielo. Cristo confirmará en el cielo lo que hacemos en la tierra, en Su nombre, y de acuerdo con Su Palabra.

Por esta razón —y porque *"la muerte y la vida están en poder de la lengua"* (Proverbios 18:21)—, es importante que estemos atentos a lo que oramos. Si alguien declara pobreza, verá pobreza, porque sus palabras tienen el poder de crear, aún si esa declaración no es espiritualmente legal. Asimismo, si alguien confiesa enfermedad, probablemente traerá enfermedad a su vida o a la de alguien más, al poner en efecto una "ley" negativa en su vida. Por el contrario, si declara prosperidad o salud, eso es lo que recibirá, y su declaración es legal porque está alineada con la voluntad de Dios. Hoy lo exhorto a cambiar sus confesiones negativas y a ponerse de acuerdo con el cielo. Comience a declarar en oración lo que el Espíritu de Dios y Su Palabra nos revelan. Entonces, tendrá acceso a todas las bendiciones y la provisión que el reino tiene reservadas para usted como hijo de Dios.

9. El lugar donde expandimos nuestro territorio

El lugar secreto de oración es también donde expandimos la capacidad de nuestro espíritu y el tamaño de nuestro territorio. Su vida de oración determinará su "metrón" espiritual; es decir, su medida de influencia y gobierno en el Espíritu. Pablo explicó las esferas de influencia, diciendo, *"Pero nosotros no nos gloriaremos desmedidamente, sino conforme a la regla que Dios nos ha dado por medida, para llegar también hasta vosotros"* (2 Corintios 10:13). A medida que crece su vida de oración, sus territorios —los dominios de su ministerio y su influencia— se expandirán; pero a medida que sus territorios se expandan, su vida de oración también debe aumentar. No basta con ganar un territorio; es importante mantenerlo. Por eso, nunca debemos parar de orar.

Cuando la vida de oración de una iglesia es constante, sus territorios se expanden continuamente. Cuando su vida de oración es débil, terminará perdiendo todo lo que había ganado.

Reitero, cuando dejamos de orar, empezamos a perder la autoridad que antes teníamos. Asimismo, perdemos cosas sobre las cuales ya no ejercemos autoridad. Esto significa que cedemos territorio espiritual en vez de ganarlo. ¿Ha perdido algo que sabe que estaba supuesto a tener, por ejemplo, la salud, su matrimonio, sus hijos, su casa u otra propiedad, un negocio, trabajo, posición, unción, incluso la fe?

No perdemos otras cosas hasta que perdemos nuestro territorio.

Hace cuarenta años, era común ver a las personas ser sanadas de cáncer en las cruzadas de las iglesias porque las oraciones de la iglesia estaban llenas de fuerza y poder. Los cristianos habían ganado ese territorio en el espíritu. Hoy, sin embargo, pareciera como que más y más creyentes mueren de cáncer y otras enfermedades; de la misma manera, pierden sus matrimonios, sus hijos, y sus casas, porque la iglesia ha dejado de orar. Poco a poco, van perdiendo los territorios que habían ganado. Además, debido a que la iglesia en general se ha alejado de la oración en las últimas décadas, más creyentes han empezado a depender de las oraciones de otros, en vez de mantener una fuerte vida de oración personal. Hoy, le animo a entrar en su cuarto de oración, a encerrarse con Dios, ¡y perseverar hasta que recupere todo lo que el enemigo le ha robado!

Usted no puede ser complaciente respecto a la oración, sino que debe orar hasta obtener rompimiento. Jesús solía orar toda la noche, y al amanecer ya había ganado territorios que antes eran controlados por el enemigo. Su oración no era casual; Él estaba comprometido a habitar en la presencia del Padre, y ese compromiso le produjo resultados sobrenaturales. Igualmente, en el libro de Hechos, vemos que cada vez que los discípulos de Jesús oraban, el Espíritu de Dios descendía con poder y muchas vidas eran transformadas. Necesitamos orar de la misma forma, con la misma intensidad, a fin de que el Espíritu de Dios se mueva trayendo grandes cambios.

Declaro que ahora usted entra en una temporada en la que recupera todo lo que había perdido —salud, posesiones, casas, unción, fe—, todo regresa a usted, en el nombre de Jesús. Pero usted debe ser agresivo en el Espíritu. ¡Recupere todo, ahora, en el nombre de Jesús!

> Toda guerra comienza con el deseo de ganar recursos y territorios. En sentido espiritual, los recursos y territorios solo pueden ser ganados o recuperados a través de la oración.

10. El lugar donde obtenemos el favor de Dios

Porque tú, oh Jehová, bendecirás al justo; como con un escudo lo rodearás de Tu favor. (Salmos 5:12)

El favor de Dios en nuestra vida es visto como una manifestación de Su poder, y nos permite tener acceso a cosas que, de otro modo, no tendríamos. El favor de Dios nos hace irresistibles a las bendiciones, la protección, la prosperidad y mucho más. A diferencia de otras concesiones espirituales, el favor de Dios no puede ser impartido de un creyente a otro. Yo no puedo orar por alguien para que reciba el favor de Dios. Al contrario, el favor de Dios es algo que los creyentes y las iglesias atraen. Viene como resultado de su comunión y relación cercana con nuestro Padre celestial. Por eso, cuando un creyente abandona esa comunión, automáticamente pierde el favor de Dios.

Entre al lugar secreto

Todo lo que hasta ahora he descrito es revelación acerca del lugar secreto de oración, donde el hombre se encuentra con su Creador y es transformado. Dios espera que a diario entremos a Su presencia —el lugar donde el poder y la actividad espiritual son desatados— para conocer Su corazón y recibir Su autoridad. Él desea que entremos al lugar de sumisión y sufrimiento, donde se encuentran las llaves del reino, donde ganamos territorios, y donde recibimos Su favor.

La iglesia de Jesucristo necesita regresar a ese lugar secreto, para que el Padre que ve en lo secreto recompense a la iglesia en público. ¿Y cuál es esa recompensa? Una relación cercana y eterna con el Señor que nos hace portadores continuos de Su presencia sobrenatural. ¡Entremos a ese lugar secreto! Le aseguro que cuando lo hagamos, estaremos listos para ser el remanente fiel de Dios; la novia de Cristo que ministra en Su nombre al mundo y espera Su segunda venida. Abracemos la vida de Dios y hagámonos uno con el Padre, con Su Hijo Jesucristo y con el Espíritu Santo. Aparte de eso, ¡nada más importa!

Activación

Querido lector, si usted reconoce que su vida de oración no es lo que debería ser, si usted sabe que ha estado orando simplemente de una manera "religiosa", sin estar consciente de la presencia de Dios, sin poder o actividad espiritual en su vida diaria, lo invito a hacer la siguiente oración en voz alta:

Amado Dios, te doy gracias por darme esta revelación del lugar secreto de la oración. Te pido perdón si, debido a la ignorancia o a la falta de pasión, no he sabido cómo buscar una relación contigo que me lleve a estar en Tu presencia. Hoy, me comprometo a caminar en comunión contigo. Soy consciente de estar en Tu presencia, y sé que Tú eres mi mayor Realidad, mi absoluta Realidad. Cuando estoy en Tu presencia, ¡nada más importa! Entro a Tu presencia y me convierto en portador de ella. Declaro que en Tu presencia recibo poder, y que milagros se manifiestan entre Tu gente. Declaro que participo en Tu actividad espiritual en la tierra, creando atmósferas celestiales para que Tu presencia venga y ministre a otros, y recibo autoridad espiritual para destruir las obras del diablo.

Permanezco en sumisión al Señorío de Cristo, tal como Jesús caminó en sumisión al Padre mientras estaba en la tierra. Participo de los padecimientos de Cristo para manifestar el poder de Su resurrección. Declaro que mis oraciones activan las llaves del reino, para legalmente atar y desatar la voluntad de Dios sobre la tierra. También declaro que, a medida que sigo creciendo en oración, mis territorios y dominios se expandirán. Proclamo que estoy plenamente consciente de la presencia de Dios, de Su comunión, y del poder y la autoridad que nuestra relación desata. Oro esto en el poderoso nombre de Jesús, en el ahora. ¡Amén!

Testimonios de oraciones de rompimiento

Dios sana en medio de la alabanza

Hace unos años, Belén, quien viene de España, se unió a la iglesia El Rey Jesús en Miami, junto con su familia. Ella es pastora y una de las líderes de alabanza y adoración en nuestro ministerio. Este es su testimonio sobre la oración de rompimiento:

> El Apóstol Maldonado estaba predicando una serie sobre "La fe de los últimos tiempos". Yo había estado orando y pidiéndole a Dios que aumentara mi medida de fe para estar alineada con el padre de esta iglesia, y para poder ministrar a las personas y edificar su fe. Un domingo en la mañana, Dios me habló y me dijo, "Belén, yo ya te di una nueva medida de fe". Yo le respondí, "Señor, quiero ver Tu poder sanador en medio de la alabanza. ¡Hazlo desde el comienzo!" Salí empoderada y llena de fe para cantarle a Dios.
>
> Justo cuando empezamos la alabanza, escuché al Señor decirme, "Voy a sanar a las personas de acuerdo a su fe". Empecé a sentir que había personas con dolor en los huesos. Dirigida por Dios, les dije que empezaran a danzar como un acto de fe, independientemente del dolor, y mientras lo hacían Dios sanó a varios. Por último, Dios me habló de una mujer que tenía una condición en su corazón. La llamé al altar con el propósito de alabar a Dios en fe. Até y reprendí el espíritu de muerte y declaré la vida de Dios sobre ella. Algunos días después, ella vino al altar para testificar que, después de ese servicio, fue a hacerse nuevas pruebas médicas. Su doctor se sorprendió al confirmar que

su corazón estaba completamente sano. ¡La gloria sea
para Dios por todo lo que Él hizo ese día!

Un milagro creativo en el cerebro

Armando y Aracely son una pareja de Arizona, Estados
Unidos. Aracely estaba enfrentando una situación extrema
de salud, pero gracias a mi relación con Dios y a la oración,
el Espíritu Santo me guió a desatar un milagro poderoso en
su vida. El siguiente es el recuento de Armando sobre lo que
pasó:

> Durante un momento de ministración en CAP [la
> Conferencia de lo Apostólico y Profético, organizada
> anualmente por el Ministerio El Rey Jesús], el Apóstol
> Maldonado dijo que Dios le había revelado en oración
> que restauraría órganos y crearía huesos donde estu-
> vieran faltando. En ese tiempo, mi esposa había estado
> sufriendo un terrible dolor de cabeza por nueve días.
> En el hospital, habían detectado un sangramiento en
> su cerebro que no podían explicar. Tuvieron que hacer
> una cirugía de emergencia, porque, según los docto-
> res, su cerebro se había movido siete milímetros a un
> lado, y esa era una condición mortal. Los doctores no
> querían hablar conmigo, porque yo todo el tiempo
> declaraba que ella estaba sana. Yo sabía que Dios iba a
> hacer un milagro en CAP.
>
> Mi esposa fue a CAP sintiéndose muy enferma,
> con un severo dolor de cabeza e hipersensibilidad a
> la luz y el ruido. Entonces, el Apóstol dijo que había
> ángeles a nuestro alrededor trayendo órganos nuevos,
> y que serían implantados en las personas; y yo recibí
> esa palabra. De pie, al lado del Apóstol Maldonado,

vi una silueta de fuego avanzando hacia nosotros. Cuando se paró frente a mí, noté que tenía una mano enorme y brillante, y escuché una voz diciéndome que abriera mi mano izquierda. Al hacerlo, vi un torbellino moviéndose de la mano del ángel hacia la mía. Después el ángel me dijo, "Pon tu mano en la cabeza de tu esposa". Cuando obedecí, sentí fuego fluyendo de mi mano, y claramente pude sentir el hueco en su cerebro llenándose. Al salir de CAP ella estaba completamente sana.

Cuando volvimos al hospital, los doctores dijeron que su condición pudo haber sido fatal, debido a la cantidad de días que había estado con hemorragia interna. Pero Dios preservó su vida, e hizo un milagro creativo en su cerebro. Sabemos que Cristo está vivo y que Él tiene poder.

2

UNA CASA DE ORACIÓN

"Mi casa será llamada casa de oración para todos los pueblos".
—Isaías 56:7

La pasión de Jesús por la oración

Jesús era un apasionado por la oración. La semana antes de ser crucificado, Él había entrado triunfalmente a Jerusalén y una gran multitud lo acompañaba, alabando a Dios. Pero cuando fue al templo —que supuestamente era el centro de oración y adoración—, ¡qué contraste! Lo habían convertido en un mercado corrupto, donde estaban los que buscaban hacer dinero vendiendo a la gente animales para sus sacrificios. ¿Cómo respondió Jesús a esto? Él se enfureció al ver en lo que habían convertido Su casa, y *"echó fuera a todos los que vendían y compraban en el templo, y volcó las mesas de los cambistas, y las sillas de los que vendían palomas"* (Mateo 21:12). Citando a los profetas Isaías y Jeremías, *"les dijo: Escrito está: Mi casa, casa de oración será llamada; más vosotros la habéis hecho cueva de ladrones"* (Mateo 21:13; vea Isaías 56:7; Jeremías 7:11).

Después que Jesús resucitó de entre los muertos y ascendió al cielo, envió al Espíritu Santo para que viva dentro de todos los que en Él creen. Esto hizo que la iglesia de forma corporativa, así como los creyentes individuales, se convirtieran en templos vivos de Dios. Lo mismo está ocurriendo hoy. Como escribió el Apóstol Pablo:

> *Porque vosotros sois el templo del Dios viviente, como Dios dijo: Habitaré y andaré entre ellos, y seré su Dios, y ellos serán mi pueblo.* (2 Corintios 6:16)

> *¿O ignoráis que vuestro cuerpo es templo del Espíritu Santo, el cual está en vosotros, el cual tenéis de Dios, y que no sois vuestros? Porque habéis sido comprados por precio; glorificad, pues, a Dios en vuestro cuerpo y en vuestro espíritu, los cuales son de Dios.* (1 Corintios 6:19–20)

Como templo vivo de Dios, la iglesia debe ser "una casa de oración". ¿Tiene usted la misma pasión por la oración que Jesús tenía?

La pasión por la oración en la iglesia primitiva

Una de las cosas que caracterizaba a la iglesia primitiva era su pasión por la oración. La Escritura dice que los seguidores de Jesús estaban reunidos en un aposento alto esperando la *"promesa del Padre"* (Hechos 1:4), que era el regalo del Espíritu Santo, y *"todos perseveraban unánimes en oración"* (Hechos 1:14). Después de Pentecostés, mientras Dios añadía a la iglesia los que habían de ser salvos, los cristianos *"perseveraban en la doctrina de los apóstoles, en la comunión unos con otros, en el partimiento del pan y en las oraciones"* (Hechos 2:42). La iglesia le pedía a Dios dirección antes de tomar importantes decisiones (vea, por ejemplo, Hechos 1:24–26) y por denuedo para testificar de Cristo (vea Hechos 4:29–31). La oración era parte fundamental de su ministerio, como observamos en muchos pasajes bíblicos. (Vea, por ejemplo, Hechos 2:46–47; 3:1; 6:4). En consecuencia, había mucha actividad y vida espiritual en la iglesia, como sanidades, milagros y liberaciones.

La importancia central y el poder de la oración se han perdido en la iglesia de hoy. Las iglesias son usadas para muchas actividades, y aunque algunas de ellas pueden ser buenas, no son el propósito principal del cuerpo de Cristo. Por ejemplo, la casa de Dios no es un lugar de entretenimiento, tampoco una institución de ayuda social ni un hospital. Aunque algunas actividades y programas relacionados con esos propósitos se llevan a cabo, no son la razón vital por la cual existe la iglesia.

La iglesia está llamada a ser un lugar de oración, pero en realidad, muy pocas congregaciones practican esa verdad. Muchos creyentes están dispuestos a asistir al servicio del domingo por la mañana, pero no a los servicios de oración. Se acuerdan de orar solo cuando tienen una gran necesidad, y como realmente no saben cómo orar, dependen de las oraciones de los demás.

Una vida sin oración carece de actividad espiritual.

Usted puede ser una casa de oración

Si está entre aquellos que no saben cómo orar, y con frecuencia depende de las oraciones de otros, usted necesita convertirse en una casa de oración. Este libro le mostrará qué es la oración y cómo orar. Los discípulos de Jesús tampoco estaban seguros acerca de cómo orar; por eso Él les tuvo que enseñar.

Aconteció que estaba Jesús orando en un lugar, y cuando terminó, uno de sus discípulos le dijo: Señor, enséñanos a orar, como también Juan enseñó a sus discípulos. (Lucas 11:1)

Entonces Jesús les dio un modelo de oración. (Vea los versos 2–4). Les trajo la revelación de cómo orar de una manera nueva, reconociendo al Padre celestial, Su reino y a sus hermanos y hermanas. Esto es crucial para la iglesia, como cuerpo de Cristo, a fin de ser restaurada a su propósito original y recuperar su verdadera función. Cuando no tenemos una vida de oración continua y consistente, nos volvemos espiritualmente débiles y flojos, hasta que finalmente nos secamos. Si como creyente, usted no es un apasionado por estar en la presencia de Dios, algo anda realmente mal. Está claro que Jesús fue un apasionado por la oración. El celo por la casa de Dios lo consumía (vea Juan 2:13–17); por eso Él no podía ver la casa de Su Padre convertida en un mercado. La pasión de nuestro Señor por la oración continúa hasta hoy, *"por lo cual puede también salvar perpetuamente a los que por él se acercan a Dios, **viviendo siempre para interceder por ellos**"* (Hebreos 7:25).

La intención original de Dios para la iglesia

Como podemos ver, la intención original de Dios para la iglesia es que ésta fuera una casa de oración. Una de las razones por las cuales muchos creyentes que aman a Dios y quieren agradarlo y hacer Su voluntad, no hacen de sus iglesias casas de oración, es que ellos no han entendido su propósito original. Nuestro Padre celestial nos está llamando a volver a esa función esencial. Jesús continúa diciéndonos a través de la voz del profeta Isaías,

Yo los llevaré a mi santo monte, y los recrearé en mi casa de oración; sus holocaustos y sus sacrificios serán aceptos sobre mi altar; porque mi casa será llamada casa de oración para todos los pueblos. (Isaías 56:7)

He identificado cinco características básicas de una verdadera casa de Dios: es una casa (1) de oración; (2) de ofrendas; (3) de sacrificios; (4) con un altar funcionando; (5) y para todas las naciones. Aparte de ser una casa de oración, las otras cuatro cualidades deben estar presentes en la iglesia. Echemos un vistazo a cada una de ellas y notemos la forma cómo se interconectan.

1. Una casa de oración

Una vez más, para poder portar la presencia y la bendición de Dios en nuestras vidas, necesitamos orar continuamente. Esa "oración sin cesar" de la que habla 1 Tesalonicenses 5:17, debe ser algo que surja espontáneamente, provocada por el Espíritu de Dios. Cuando la oración comienza a debilitarse en una iglesia, el poder de Dios se ausenta, y todo lo demás comienza a desmoronarse; entonces, la presencia de Dios y la Palabra de Dios se vuelven escasos; no hay milagros ni bendiciones, no hay salvación de almas ni liberación de ataduras espirituales. Lo único que queda es religión, rutina y tradiciones; todo carente de la vida de Cristo.

2. Una casa de ofrendas

Cuando estamos en Cristo, cada creyente se convierte en un sacerdote que presenta sacrificios espirituales y ofrendas a Dios. Pedro escribió: "*Vosotros también, como piedras vivas, sed edificados como casa espiritual y sacerdocio santo, para ofrecer sacrificios espirituales aceptables a Dios por medio de Jesucristo*" (1 Pedro 2:5). También dijo: "*Mas vosotros sois linaje escogido, real sacerdocio, nación santa, pueblo adquirido por Dios…*" (verso 9). La iglesia es el lugar donde, como sacerdotes, presentamos nuestras ofrendas a Dios. Una iglesia que no presenta ofrendas no es una casa de Dios. Muchos pastores y líderes prefieren no enseñar a sus congregaciones a dar ofrendas —espirituales y también monetarias—, porque temen que eso ofenda a la gente y se vayan de la iglesia. Sin embargo, al hacer esto, convierten la casa de Dios es una casa de hombres, y retienen las bendiciones que la gente recibiría si le diera a Dios.

3. Una casa de sacrificios

Como sacerdocio santo, debemos acercarnos a Dios para ofrecer sacrificios de oración, adoración, alabanza, intercesión y ofrendas. Ofrecer sacrificios espirituales con frecuencia requiere morir a nosotros mismos —a nuestra voluntad, nuestro tiempo, nuestro orgullo, nuestras ambiciones, al uso de nuestras finanzas, y mucho más. Una iglesia que no ofrece sacrificios espirituales no puede ser llamada casa de Dios, porque en la casa de Dios, los sacerdotes ofrecen sacrificios; y cada vez que lo hacen se acercan a Dios y así vienen las bendiciones.

Una iglesia no es auténtica si carece de un sacerdocio que presente ofrendas y sacrificios a Dios.

Después de un sacrificio siempre hay una bendición. Observe lo que pasó cuando Jesús fue bautizado en las aguas, como un acto de sumisión y consagración a Dios el Padre.

Aconteció que cuando todo el pueblo se bautizaba, también Jesús fue bautizado; y orando, el cielo se abrió, y descendió el Espíritu Santo sobre él en forma corporal, como paloma, y vino una voz del cielo que decía: Tú eres mi Hijo amado; en ti tengo complacencia. (Lucas 3:21–22)

La "ley del sacrificio" establece que algo debe morir para que algo más viva. Por eso, cada bendición comienza con un sacrificio. Podemos ver que esta verdad se confirma en la vida de cada hombre y mujer de Dios. Incluso, si usted mira su propia vida, notará que justo antes de cada bendición que recibió, hizo algún tipo de sacrificio. O que, después de un sacrificio, comenzó una temporada de bendiciones para usted. En la Biblia, cada vez que la gente hizo sacrificios, se abrieron para ellos portales del cielo y recibieron algo inusual de Dios. (Vea, por ejemplo, Juan 1:49–51; Hechos 7:54–56). Lo mismo sucede hoy en día. Los portales se abren gracias a la "sangre" que fluye del sacrificio. Por tanto, si hay sacrificio, también los cielos se abrirán.

> ## Los sacrificios espirituales abren los cielos y los mantienen abiertos.

4. Una casa con un altar funcionando

Desde el comienzo de los tiempos, el altar siempre ha sido un lugar de encuentro entre Dios y los hombres. Es también el lugar donde se ofrecen sacrificios, y un recordatorio de que, sin derramamiento de sangre, no hay perdón de pecados. (Vea Hebreos 9:22). Cada vez que hacemos el llamado para salvación en el Ministerio Internacional El Rey Jesús, la gente corre al altar; allí ellos derraman sus corazones y públicamente confiesan a Jesús como su Señor y Salvador. Jesús dijo, *"A cualquiera, pues, que me confiese delante de los hombres, yo también le confesaré delante de mi Padre que está en los cielos"* (Mateo 10:32).

Sin embargo, en muchas iglesias, el mensaje moderno de la "súper gracia" ha clausurado el altar, y se han dejado de dar ofrendas espirituales en la casa de Dios. En el capítulo 3 hablaré más abundantemente acerca de este tema; pero hoy, en la iglesia en general, el altar está arruinado, y el fuego de Dios no arde más, porque hace tiempo no se ofrecen sacrificios. El altar de la iglesia debe ser reconstruido, para devolverle el lugar que merece en la casa de Dios. Necesitamos urgentemente reparar el altar de Dios, llevando allí nuestras ofrendas, ofreciendo sacrificios de alabanza y adoración al único Dios verdadero, llamando a los perdidos al arrepentimiento, e intercediendo por nuestros familiares y amigos.

5. Una casa para todas las naciones

Una casa que no está abierta a recibir a todas las naciones y pueblos no es una verdadera casa de Dios. Si en una congregación, prevalece el prejuicio y el racismo, esa no es una iglesia, sin importar el tamaño que tenga. El diseño original de Dios para Su casa no incluía que fuera una casa de segregación, sino un lugar que diera la bienvenida a todas las razas, grupos étnicos y a todas las generaciones. Esto incluye gente joven, adulta, niños y ancianos, tanto hombres como mujeres.

La actitud y el espíritu de oración

El estado en que se encuentra el mundo hoy, hace necesario que la casa de Dios retorne a su actividad primaria y original, que es la oración. Debemos pararnos y orar para que Dios guarde a Su pueblo de todos los peligros que a diario ocurren en el mundo: guerras, huracanes, terremotos, inmoralidad sexual, homicidios, secuestros, divisiones y mucho más.

¡Cristo viene pronto! Si sabemos esto, ¿por qué hemos permitido que la oración en la iglesia disminuya, al punto de ser casi inexistente? Los servicios de oración en la iglesia tienen el propósito de clamar por el pronto regreso de Cristo, porque esto es lo que el Espíritu está diciendo: *"Y el Espíritu y la Esposa dicen: Ven. Y el que oye, diga: Ven… Sí, ven, Señor Jesús"* (Apocalipsis 22:17, 20). Pablo escribió, *"No dejando de congregarnos, como algunos tienen por costumbre, sino exhortándonos; y tanto más, cuanto veis que aquel día se acerca"* (Hebreos 10:25).

Por lo tanto, para que la iglesia sea el genuino cuerpo de Cristo, necesita ser una casa de oración. Asimismo, para unirse a otros cristianos y convertirse en casa de oración, el creyente siempre debe tener la actitud y el espíritu de oración como un estado de ánimo. No se trata de orar solo cuando tenemos necesidad, sino de orar continuamente, porque sabemos que es nuestro primer llamado y función. De esta manera, siempre estaremos en la presencia de Dios. Todos los cristianos debemos ser una casa de oración, porque el cristianismo nos lleva a ser como Cristo, y Él siempre oraba. Incluso hoy, Él intercede por nosotros ante el Padre. De ahí que, cuando usted es casa de oración, se hace como Cristo.

> Para orar, necesitamos una actitud mental que nos permita estar siempre conscientes de la presencia de Dios.

Un cristiano que es una casa de oración continuamente medita en Dios y en Su Palabra. La oración no siempre tiene que ser verbal, pero sí requiere una actitud específica y un estado de ánimo. Si usted es una casa de oración y vive en un espíritu de oración, entonces no será guiado por sus emociones sino por el Espíritu de Dios. Incluso si está a punto de rendirse o está muy desanimado, ¡sabrá que Dios está con usted! Sea que lo sienta o no, puede tener la seguridad de que Él siempre está allí.

> El nivel más alto de oración ocurre cuando un creyente se convierte en casa de oración.

Activación

Si usted entiende que no ha estado cumpliendo el propósito principal de la iglesia —ser una casa de oración—, entonces haga la siguiente oración en voz alta:

Amado Padre celestial, Te doy gracias por la revelación de Tu plan para la iglesia, de ser una casa de oración. Te pido que perdones mi ignorancia y negligencia con respecto al llamado que Tú me has hecho como miembro del cuerpo de Cristo. De todo corazón, me arrepiento por no ir a Tu casa a ofrecer sacrificios, ofrendas, oración, alabanza, y todo lo que Tú mereces y esperas recibir. Perdóname por haber permitido que el altar de Tu casa se arruinara, por no ofrecer allí sacrificios constantes, a fin de ser santificado y vivir en Tu presencia. Te pido, en el nombre de Jesús, que me des un espíritu de oración y pasión por estar en Tu presencia y por ser yo también una casa de oración. Declaro que el espíritu de oración que estaba sobre Jesús aquí en la tierra viene sobre mí ahora. Recibo Tu gracia y el poder del Espíritu Santo para orar Tu perfecta voluntad, y que Tu presencia fluya en Tu casa, para sanar, hacer milagros y liberar a Tu pueblo de opresiones demoniacas, ataduras del alma y falta de perdón. A partir de hoy, en el nombre de Jesús y en el poder del Espíritu Santo, seré una casa de oración. Amén.

Testimonios de oraciones de rompimiento

Restauración de su matrimonio y liberación de adicciones

Joshua Haber, un miembro del Ministerio El Rey Jesús, compartió el siguiente testimonio con nosotros:

Por diecisiete años, estuve perdido, consumiendo cigarrillos, marihuana, y alcohol; por los últimos cuatro años, estaba adicto a la lascivia y al juego compulsivo. Ganaba doscientos mil dólares al año, pero nunca tenía dinero porque no podía parar de apostar. Soy judío —de hecho, crecí como judío mesiánico—, pero toda mi familia vivía de las apuestas. Traté de dejarlo en mis propias fuerzas, pero no pude hacerlo.

Hace ocho meses, pasé por un tiempo muy crítico en mi vida que produjo en mí un fuerte deseo por cambiar. Vine a El Rey Jesús y, durante una de las enseñanzas, un líder me dijo, "Hay una parte de tu cerebro que produce la adicción en ti. Eso no es de Dios. Ríndeselo a Él y suéltalo. Sé lleno con la presencia de Dios". Yo caí de rodillas y le entregué todo a Dios. Después, escuché Su voz diciéndome, "Estarás protegido. Harás grandes cosas, hijo. Sigue mi camino, y sígueme". En ese momento, fui bautizado en el Espíritu Santo y hablé en lenguas espirituales. Allí mismo, la adicción murió, incluso perdí el deseo de mirar a otras mujeres. Hoy, asisto a una Casa de Paz,[2] y allí soy entrenado para convertirme en un

---

2. Una Casa de Paz es el hogar de un miembro del Ministerio Internacional El Rey Jesús que abre sus puertas para recibir vecinos, familiares, y amigos, con el propósito de compartir el evangelio del reino, enseñar la Palabra de Dios e impartir Su poder. La misma unción, poder sobrenatural, y presencia de Dios que se encuentran en nuestra iglesia principal se manifiestan allí.

líder. Le doy gracias a Dios por mi esposa, porque ella oraba por mí todos los días que estuve perdido en el mundo, para que yo me convirtiera en el hombre que Dios había diseñado, y el Señor respondió su oración. ¡Puedo testificar que la oración tiene poder!

Provisión sobrenatural para construir una iglesia

La Apóstol Mary Wildish, de Jamaica, cuyo ministerio está bajo la cobertura espiritual del Apóstol Guillermo Maldonado, compartió un testimonio poderoso de lo que Dios hizo a través de la oración.

Después de nueve años de buscar un terreno en el cual construir nuestra iglesia en Montego Bay, Jamaica, fuimos a ver al alcalde, y él nos dijo que debíamos buscar en las afueras de la ciudad. Empezamos a orar y a interceder para recibir la guía de Dios. El Señor respondió y nos llevó a un lugar específico, un terreno de cuatro acres que estaba disponible. Emocionados por la respuesta de Dios, presentamos la mejor oferta que pudimos, la cual dejaría nuestras cuentas bancarias completamente vacías, y aun así todavía nos hacían falta veinte mil dólares. En junio de ese año, asistimos a la Escuela del Ministerio Sobrenatural[3] que el Ministerio El Rey Jesús organiza en Miami. Allí, el Apóstol Maldonado nos dio una palabra de parte de Dios: "¡Deudas pagadas, deudas pagadas!" Nos apropiamos de esa palabra por fe, y seguimos orando por ella. Cuando regresamos a Jamaica, una persona vino a nuestra oficina ¡y nos dio veinte mil dólares de ofrenda! Y como si fuera poco, aparecieron otros cuarenta y cinco mil dólares en una de nuestras cuentas bancarias, sobrenaturalmente. Gracias a la oración, ¡Dios proveyó los fondos para comprar el terreno y empezar a edificar la iglesia!

---

3. La Escuela del Ministerio Sobrenatural reúne a apóstoles, profetas, evangelistas, pastores, maestros y líderes de gran influencia de los Estados Unidos y el extranjero. Vienen a ser entrenados para actuar de acuerdo con su llamado al ministerio, la educación, el gobierno, los negocios y otras áreas de la vida.

Dios provee documentos de inmigración y un negocio

Dyanna es miembro del Ministerio El Rey Jesús. Ella es una diseñadora de modas que viajó de su país natal, Colombia, Sudamérica, a los Estados Unidos, buscando asilo político. La oración fue clave en el término de su proceso de inmigración, tal y como lo relata en su testimonio:

Hace algún tiempo, recibí una palabra profética de que mis diseños estarían en las pasarelas de oro a nivel internacional. Sin embargo, yo no podía viajar fuera de los Estados Unidos porque no tenía los documentos migratorios requeridos. Pasé diez años peleando por ellos; incluso llegué hasta la Corte Suprema, pero la respuesta fue no. Hace unos meses me inscribí en la clase de Oración, que dictaba la profeta Ana Maldonado en la Universidad del Ministerio Sobrenatural (USM).[4] Como parte del entrenamiento, ella nos pidió que escribiéramos nuestras peticiones de oración y las pusiéramos en una caja. Llena de fe, escribí, "Dios, gracias por traerme a los Estados Unidos. Te pido, en el poderoso nombre de Jesús, que mi estatus migratorio sea definido este año". ¡En dos semanas, la oficina de inmigración me otorgó el asilo político! ¡Ahora puedo viajar a cualquier país del mundo!

Con esto resuelto, y con fe, empecé mi negocio con solo mil dólares y seguí trabajando en mis diseños. Cuando presenté mi plan de negocios, valoraron mi compañía en ¡un millón de dólares! Seguí orando y envié una solicitud a una de las mejores ferias de

---

4. La Universidad del Ministerio Sobrenatural es una extensión del Ministerio Internacional El Rey Jesús.

moda de Estados Unidos, llamada "Corp. Expo", en Las Vegas, Nevada. La gente me decía que nunca me aceptarían porque esas pasarelas eran para diseñadores famosos, pero yo le creí a Dios y declaré que entraría al mundo de la moda por la puerta grande. Cuando presenté mi aplicación y mis diseños, me aceptaron inmediatamente y me dieron uno de los mejores lugares en Corp. Expo, como diseñadora internacional de renombre. ¡Cuando oramos a Dios con fe, Él mueve montañas!

Dios desvía un huracán de la ciudad de Miami

En Septiembre de 2017, el Huracán Irma se aproximaba a las costas del estado de la Florida con una fuerza de categoría 5, con vientos de 185 mph (casi 300 kph). Se convirtió en la tormenta más poderosa del Atlántico, generando la energía ciclónica acumulada más alta que se haya registrado. Según las predicciones meteorológicas, el huracán atravesaría la ciudad de Miami de sur a norte, causando gran destrucción. Más de tres millones de residentes en su camino estaban a punto de experimentar una de las tormentas más devastadoras de la historia. La llegada del huracán era inminente, y tanto las autoridades como los medios de comunicación lo daban por hecho. Miles de personas salieron de Miami y huyeron hacia el norte, mientras que las autoridades evacuaban las zonas de más alto riesgo.

Viendo la situación, el Ministerio El Rey Jesús se activó en oración. ¡Intercesores, pastores, ancianos, y toda la congregación estuvieron alerta en oración! Lo mismo hicieron otros amigos del ministerio alrededor del mundo. Durante la última reunión con los empleados del ministerio, antes que la tormenta nos golpeara, guié al equipo en oración, pidiéndole a Dios que desviara y debilitara el huracán.

Después de causar destrucción en Cuba, el huracán cambió su dirección. En vez de ir hacia el norte, como estaba pronosticado, se dirigió al oeste, moviéndose hacia el Golfo de México. Cuando finalmente volvió a orientarse hacia el Norte, avanzó paralelo a la costa Oeste de Florida, muy lejos de Miami. El huracán tocó tierra en los Cayos de la Florida, con vientos de 130 mph (209 kph), equivalentes a un huracán categoría 4. El ojo del huracán siguió por el Golfo de México y entró por Marco Island, en la costa Oeste de Florida, con vientos de solo 115 mph (185 kph), equivalente a categoría 3. Finalmente, se convirtió en tormenta tropical.[5]

Gracias a que el pueblo de Dios se unió en oración, la devastación que se esperaba nunca llegó. El huracán se movió lejos de las áreas más pobladas y se debilitó hasta disiparse por completo. ¡Dios contestó nuestras oraciones y nos salvó de lo que hubiera sido una tragedia histórica! ¡Gracias al Señor por el poder de la oración!

---

5. Phil Klotzbach, *Hurricane Irma Meteorological Records/Notable Facts Recap*, Colorado State University, https://webcms.colostate.edu/tropical/media/sites/111/2017/09/Hurricane-Irma-Records.pdf (accessed February 7, 2018).

3

LA PRIORIDAD DE LA ORACIÓN

"Perseverad en la oración, velando en ella con acción de gracias".
—Colosenses 4:2

La oración se ha convertido en una de las mayores carencias en la iglesia cristiana. Esta es la razón principal por la cual numerosas congregaciones están perdiendo miembros y cerrando sus puertas. A los creyentes les falta poder, autoridad, actividad espiritual y la manifestación de lo sobrenatural, porque prefieren ser aceptados por la sociedad moderna, que abraza los valores temporales, en lugar de buscar a Dios y establecer una relación fuerte, íntima y eterna con Él a través de la oración. Además, cuanto más se occidentaliza la iglesia, menos se dedica a la oración. Cuando digo "occidentalizar" me refiero al hecho de que un gran número de congregaciones se dejan llevar por las escuelas o corrientes de pensamiento occidental, las cuales ponen la razón y la comprobación científica por encima del poder sobrenatural de Dios, hasta el punto de que niegan lo sobrenatural divino. Al actuar así, la iglesia fomenta, sin saberlo, un abierto desprecio por la fe y la vida del Espíritu.

Está claro que gran parte de la generación actual subestima lo sobrenatural; la gente solo se adhiere a aquello que es empíricamente demostrable o a lo que luce "razonable" para la mente humana. Incluso, muchas personas no valoran la oración, o no saben *cómo* orar. Si no somos capaces de transmitir el verdadero espíritu de la oración a la iglesia, ese espíritu se extinguirá. En lugar de congregarnos en una verdadera casa de Dios, será como si simplemente asistiéramos a un club social o a un lugar de entretenimiento, donde la vida del Espíritu está notablemente ausente.

> El poder de Dios que usted porta siempre será directamente proporcional a su vida de oración.

¿Por qué se ha devaluado la oración?

Es necesario que entendamos las dos razones principales por las que esta generación no valora la oración, ni la ve como una necesidad.

El espíritu de este mundo

El "espíritu de este mundo" es una fuerza que se opone abiertamente al Espíritu Santo. Incluye todo lo que Satanás introduce en la cultura y tradiciones de las naciones, que hace que la gente actúe en contra de la voluntad y el propósito de Dios, y la lleva a cultivar conductas pecaminosas y de incredulidad. El espíritu de este mundo se opone a la idea de una relación con Dios, ya que niega Su existencia, Su poder y Su capacidad para obrar en la tierra. *"Sabemos que somos de Dios, y el mundo entero está bajo el maligno"* (1 Juan 5:19), y que *"no hemos recibido el espíritu del mundo, sino el Espíritu que proviene de Dios"* (1 Corintios 2:12).

El espíritu de este mundo busca influenciar incluso las mentes de los creyentes, con la intención de evitar que valoren y estimen lo que es eterno y se afanen por obtener lo que es solo temporal. Cuando alguien está influenciado por ese espíritu, no valora las cosas espirituales, incluyendo el sacrificio o el dar ofrendas. No se compromete con el propósito original de Dios para la iglesia, ni sus vidas son transformadas. Por el contrario, se enfocan en la gratificación instantánea y los placeres mundanos. Como resultado, viven fuera de la ley de Dios y no dependen de Su amor, gracia, sabiduría y poder.

La enseñanza de la súper-gracia

La segunda razón por la que esta generación no valora la oración es que muchas personas están siguiendo la enseñanza de la "súper-gracia", la cual es falsa doctrina. La Biblia dice que somos salvos por gracia por medio de la fe, no por obras, para que nadie se gloríe. (Vea Efesios 2:8–9). Sin embargo, la gracia de Dios no es una licencia para pecar; más bien, la gracia nos empodera para vivir una vida justa delante de Dios. (Vea Romanos 6:1–4). El argumento que plantean quienes defienden la perspectiva de la súper-gracia es que ya todo ha sido pagado por Jesús en la cruz, por lo que no hay nada más que tengamos que hacer en la vida cristiana.

Este argumento es una verdad a medias. Es cierto que la obra de la cruz está completa, pero no es verdad que ya no tengamos responsabilidades o llamados que cumplir. Lo primero que Dios le dio a la iglesia es el sacerdocio de los creyentes, y uno de los roles principales de un sacerdote es orar. (Vea Apocalipsis 1:5–6; 5:9–10). Debemos continuar con nuestras responsabilidades como sacerdotes en el reino de Dios para hacer cumplir lo que Cristo ya ganó para nosotros en la cruz. De lo contrario, puede que no nos demos cuenta de esos beneficios para nuestras vidas.

En contraste, el mensaje de la súper-gracia niega la importancia de los sacrificios espirituales como la oración, la adoración, el ayuno y las ofrendas. Por lo tanto, desalienta el ministerio del sacerdocio en la iglesia. Cuando se elimina el sacerdocio, la presencia manifiesta de Dios se va, porque los continuos sacrificios espirituales son los que producen la manifestación de Su presencia. Por lo tanto, cuando los creyentes dejan de ejercer su ministerio sacerdotal, el altar de Dios queda vacío, arruinado y carente del fuego de Dios.

La necesidad comienza cuando su comunión
con Dios se rompe.

La medida de la iglesia

En estos últimos tiempos, Dios está midiendo a la iglesia conforme a su vida de oración. En las pasadas generaciones, había personas que verdaderamente sabían cómo orar y hacer guerra espiritual. Avanzaban el reino de Dios intercediendo y manifestando Su poder sobrenatural. Ellos oraban hasta que las cadenas demoniacas se rompían, hasta que las montañas se movían y hasta que recibían un rompimiento. Si la iglesia no obtiene victorias sobre el pecado, la mundanalidad, y Satanás, entonces perderá lo que ha ganado en el Espíritu.

La venida del Señor está conectada con la
restauración del sacerdocio de los últimos tiempos.

Jesús vio la oración como una necesidad espiritual, ¡equivalente a nuestra necesidad física por el oxígeno! Así como no podemos vivir sin aire, tampoco tenemos vida espiritual sin oración. Por eso, mientras les enseñaba a sus discípulos, *"También les refirió Jesús una parábola sobre la necesidad de orar siempre, y no desmayar"* (Lucas 18:1). La mayoría de personas no conocen el valor de la oración hasta que se ven ante una situación que no pueden resolver por medios naturales. Sin embargo, nuestra motivación para orar no debería ser la necesidad, sino nuestro amor por Dios. La verdad es que no deberíamos orar solo cuando enfrentamos circunstancias imposibles. Orar es comunicarnos con Dios, y la Biblia nos manda a hacerlo *"en todo tiempo"* (Efesios 6:18) y *"sin cesar"* (1 Tesalonicenses 5:17).

¿Qué es verdaderamente la oración?

La oración es una comunicación de dos vías. Es un diálogo, donde hablamos con Dios y Él nos escucha y responde, generando así una relación del ahora, que es presente y continua. La comunicación con nuestro Padre celestial es lo que le da vida a esa relación. Cuando la comunicación cesa, nuestro conocimiento de Él también se detiene. Entonces empezamos a asumir cosas de Él, porque hemos abandonado la manera de conocerlo. La falta de comunicación nos desconecta del Señor, y la relación empieza a morir. Incluso, si todo el tiempo le hablamos a Dios, y no dejamos tiempo para *escuchar* lo que Él nos está respondiendo, en realidad no estamos orando, sino que estamos sumidos en un monólogo.

La comunicación con Dios no está basada tanto en lo que decimos, sino en escuchar lo que Él tiene que decirnos. Solo podemos oír a nuestro Padre celestial cuando tenemos una relación cercana, íntima y cara a cara con Él. Ciertas personas aseguran haber oído a Dios, pero los frutos de su intimidad con Él son prácticamente inexistentes. *"Así que, por sus frutos los conoceréis"* (Mateo 7:20).

La prueba de haber escuchado de Dios son los frutos que manifiestan Su poder, Su amor, y un cambio radical en nuestros corazones.

¿Es posible tener una relación estrecha con Dios? Sí, es posible, ¡y Dios quiere que usted la tenga! Pero esto no es algo que ocurre inmediatamente, ni se da de un momento a otro. Como toda relación, debe ser cultivada para que crezca. Lo primero que debe hacer un cristiano a fin de desarrollar una relación cercana con Dios es darle prioridad a su comunicación con Él.

De hecho, el reino de Dios está edificado sobre la estructura de una relación. Esto significa que nuestra interacción con Dios no puede ser mecánica; no puede estar basada en una fórmula o ritual. Es imposible orar desde una posición que no sea la de una relación. Jesús dijo, *"Si permanecéis en mí, y mis palabras permanecen en vosotros, pedid todo lo que queréis, y os será hecho"* (Juan 15:7). El vino a enseñarnos una *teología relacional* para que pudiéramos acercarnos al Padre sin reservas. Él demostró este propósito en el momento mismo de Su muerte en la cruz, cuando el velo del templo fue rasgado de arriba hacia abajo. (Vea Mateo 27:50–51; Marcos 15:37–38). Hasta entonces, el velo no le permitía al pueblo entrar al Lugar Santísimo, con la excepción del sumo sacerdote, quien podía entrar una vez al año, el Día de la Expiación. Que el velo se rasgara de esa manera significó que, a partir de ese momento, el camino a la presencia de Dios iba a permanecer abierto para siempre. Desde ese instante, cultivar una relación con Dios a través de la comunicación continua es responsabilidad del creyente.

La oración es relacional y nos lleva a tener comunión con Dios.

Muchas personas tienen necesidades que solo Dios puede suplir, pero no quieren tomarse la molestia de establecer una relación con Él; como consecuencia, lo tratan como una "máquina expendedora de milagros". Solo quieren venir, poner "dinero" y que sus deseos sean cumplidos. Pero Dios no funciona así. En ciertas ocasiones, por Su infinita misericordia, Él responde las oraciones de la gente, independientemente de si tienen o no una relación cercana con Él; pero esa es una excepción. Más que suplir necesidades, Él quiere tener una relación permanente con nosotros. Por eso, el discípulo amado de Jesús escribió, *"Lo que hemos visto y oído, eso os anunciamos, para que también vosotros tengáis comunión con nosotros; y nuestra comunión verdaderamente es con el Padre, y con su Hijo Jesucristo"* (1 Juan 1:3). Si la relación existe, Dios se encargará de suplir todas nuestras necesidades.

La vida de Jesús es un ejemplo de oración continua:

> *Levantándose muy de mañana, siendo aún muy oscuro, salió y se fue a un lugar desierto, y allí oraba.*　　　(Marcos 1:35)

La oración mantuvo a Jesús en una relación estrecha con Su Padre. En consecuencia, todos los milagros de Jesús eran el resultado de Su vida de oración. Jesús sabía que el Padre no dejaría ninguna de las oraciones de Su hijo sin respuesta. (Vea, por ejemplo, Juan 11:42). Lo mismo ocurrirá con usted si mantiene una relación con Dios; todas sus necesidades serán provistas y no carecerá de cosa alguna. El día que finalmente entendamos el verdadero valor de la oración, alcanzaremos un punto donde todas nuestras oraciones serán respondidas por Dios.

> La oración fue el medio por el cual Jesús, como hombre, se mantuvo siempre cerca al Padre.

El propósito de la oración

El cuerpo de Cristo debe completar el ciclo iniciado en el momento en que la iglesia fue establecida por Jesús; ciclo que continuará hasta el día en que Él regrese por su novia. Ese ciclo empezó "velando y orando" (vea, por ejemplo, Marcos 13:33), y terminará también "velando y orando". Hoy, Dios está restaurando el manto de oración sobre la iglesia, a fin de prepararnos para los desafíos que enfrentaremos en los últimos tiempos, y estar listos cuando Cristo regrese. Como ya hemos visto, la oración es entrega, sacrificio y consagración. A través de la oración, Dios no solo quiere bendecirnos, ¡Él quiere transformarnos!

Antes de pasar a nuestro próximo tema, veamos tres formas principales en que la oración adquiere valor en la vida del creyente.

1. La oración es el medio para desarrollar una relación con Dios

La mayoría de creyentes no valora la oración porque no tiene una relación cercana con Dios. La oración es el medio por el cual llegamos a establecer, mantener y profundizar nuestra intimidad con el Padre. La intimidad se da cuando conocemos a Dios, y cuando Él ocupa un lugar prioritario en nuestro corazón. La oración y la intimidad —una dependiendo de la otra— producen un círculo de bendición.

Nuestra relación con Dios también afecta el resto de nuestras relaciones humanas.

Pero si andamos en luz, como él está en luz, tenemos comunión unos con otros, y la sangre de Jesucristo su Hijo nos limpia de todo pecado. (1 Juan 1:7)

Si nuestra relación con Dios es buena, el resto de nuestras relaciones también serán buenas, y viceversa. Caminar continuamente en luz produce compañerismo continuo con la luz, que es Jesús. Esto significa que, si no caminamos en compañerismo, caminaremos en tinieblas.

De la forma como tratemos a las personas, asimismo trataremos a Dios; y de la forma que amemos a Dios, será la forma como amemos también a la gente. Por eso, antes de ir a la presencia del Señor, tenemos que asegurarnos de estar en armonía con nuestros hermanos y hermanas. Si en nuestro corazón hay resentimiento, falta de perdón, o estamos ofendidos con otras personas, debemos perdonar; de lo contrario, Dios no escuchará nuestras oraciones, porque estaremos en tinieblas. Jesús mismo nos enseñó que, si no perdonamos a otros sus ofensas, nuestro Padre que está en el cielo no perdonará las nuestras. (Vea, por ejemplo, Mateo 6:15; Marcos11:26).

> **Todas nuestras relaciones estarán marcadas por la relación que tengamos con Dios.**

2. La oración nos prepara para la segunda venida de Cristo

Su segunda venida es la razón fundamental por la cual Jesús le ordenó a la iglesia que se mantuviera "velando y orando". En Marcos 13:33, Él expresó esta urgencia diciendo: *"Mirad, velad y orad; porque no sabéis cuándo será el tiempo"*. Cuando la iglesia no ora, le está diciendo a Jesús que no quiere reunirse con Él en Su segunda venida; está mostrando que no cree que esto suceda, y que prefiere ignorar el valor de la oración con respecto a este trascendental evento.

3. La oración es el medio por el cual lo sobrenatural viene a este mundo

Hemos visto que cada milagro de Jesús estuvo directa o indirectamente relacionado con Su vida de oración. Por ejemplo, para resucitar a Lázaro, Él solo necesitó dar gracias al Padre, lo que nos revela el nivel de Su comunión con Dios. Note estas palabras de Jesús:

Padre, gracias te doy por haberme oído. Yo sabía que siempre me oyes; pero lo dije por causa de la multitud que está alrededor, para que crean que tú me has enviado. Y habiendo dicho esto, clamó a gran voz: ¡Lázaro, ven fuera! (Juan 11:41–43)

Una vez más, vemos que Jesús no oró solo en momentos de urgencia, sino que apeló a Su constante vida de oración para dar la orden que produciría el milagro. De la misma forma, para que la iglesia pueda moverse en lo sobrenatural, debe tener una vida continua de oración.

La oración es el medio por el cual se mueve lo sobrenatural. Para que la iglesia siga siendo sobrenatural, tiene que mantener una vida de oración.

Nuestra prioridad número uno

Una relación con Dios que no incluya intimidad y tiempo de calidad con Él es superflua y basada únicamente en la conveniencia. Tenemos que poner nuestra comunión con Él en el primer lugar de nuestras vidas. Dios quiere nuestra total y absoluta atención. En el mundo de hoy, a menudo estamos tan ocupados haciendo cosas, que nos olvidamos de que nuestra relación con Dios es más importante que cualquier otra cosa. Estamos tan ocupados aún con actividades del ministerio —orando por las personas, supliendo sus necesidades materiales y demás—, que nos olvidamos que nuestra prioridad número uno es nuestro tiempo con Él. Jesús nos está llamando a tener una relación cercana con el Padre. Grande juicio viene sobre la tierra y debemos estar listos para el pronto regreso de Cristo. ¡Debemos volver a la oración! ¡Debemos restablecer nuestra comunión con Dios!

Para desarrollar una relación cercana con Dios, debemos invertir tiempo de calidad en la oración.

Activación

Amado lector, si usted ha sido influenciado por el espíritu del mundo, si ha abandonado su sacerdocio o ha perdido su relación con Dios, lo invito a hacer la siguiente oración en voz alta:

Amado Padre celestial, hoy vengo delante de Ti, reconociendo que la oración no ha sido una prioridad en mi vida. Me he dejado absorber por el espíritu del mundo de tal forma que, he abandonado el sacerdocio al cual Tú me has llamado y no he ofrecido sacrificios espirituales en Tu altar. Mi relación contigo no es la que debería ser; no estoy creciendo en el conocimiento de Tu Persona, Tu amor o Tu poder. Hoy me arrepiento y ruego Tu perdón. Más aún, te pido que renueves en mí la pasión por la oración. Renuncio al espíritu del mundo, en el nombre de Jesús, y tomo la decisión de buscarte en oración, de tener intimidad continua contigo. Tú eres el Dios de mi salvación. Yo quiero amarte y ser amado por Ti en la intimidad de la oración; quiero oír Tu voz y hablarte, tener una comunicación fluida contigo. De ahora en adelante, retomo mi sacerdocio y me comprometo a presentar sacrificios de oración, adoración, ofrendas y obediencia a Tu altar, para que Tu fuego descienda y Tu presencia habite en mí de forma permanente. Me comprometo a orar diariamente, sin distracciones ni interrupciones, con el propósito de hacerlo como mínimo una hora todos los días. Gracias te doy por esta nueva oportunidad. ¡Sé que veré Tu gloria y poder! ¡Amén!

Testimonios de oraciones de rompimiento

Una iglesia es protegida sobrenaturalmente de un incendio

David Miller es un pastor en la ciudad de Methuen, Massachusetts, Estados Unidos. Su testimonio acerca del poder de la oración es maravilloso:

Antes de que nosotros llegáramos a la ciudad de Methuen, varias iglesias ya habían sido destruidas y otras habían cerrado. Trabajamos duro para levantar una iglesia, pero luego de tres años de lucha, también estábamos decididos a rendirnos e irnos. Un día, mi esposa me mostró un video del apóstol Guillermo Maldonado; lo miré cinco minutos y le dije a ella: "Busca unos pasajes para Miami. Tenemos que ir a esa iglesia". Llegamos en los días de CAP [la Conferencia Apostólica y Profética, que realiza El Rey Jesús una vez al año]. Mientras el apóstol predicaba acerca de la gloria de Dios, mi esposa y yo caímos bajo esa gloria y pasamos más de tres horas llorando, tocados por Dios.

Lo siguiente que hicimos fue participar en un entrenamiento intensivo en la Universidad Sobrenatural del Ministerio (USM), donde recibimos más de lo esperado. ¡Lo que más nos impactó fue la intercesión! Al regresar a casa, reunimos al liderazgo y a algunos voluntarios, y formamos nuestro grupo de intercesión. Programamos un mes de entrenamiento, pero antes de terminarlo, algo habló a mi espíritu y me dijo: "Tienen que comenzar a interceder esta noche". Sin una explicación lógica, obedecí y, por primera vez en nuestra iglesia, nos reunimos a interceder de madrugada. Ya a punto de irnos, volví a oír esa voz interior diciendo: "No se vayan sin orar alrededor del edificio". Así lo hicimos. En el edificio hay dos iglesias; nosotros ocupamos un lado y al otro extremo está la otra iglesia. Esa noche, alguien entró al edificio, lo roció con gasolina e inició un incendio. Al siguiente día, encontramos el lugar lleno de policías y bomberos. ¡Todo era un caos! Pero milagrosamente, nuestra parte del edificio ¡estaba intacta! Ni siquiera la alfombra, llena de gasolina, donde se había originado el fuego, estaba quemada. Asombrados, le dimos gracias a Dios porque entendimos que la oración había protegido nuestra parte del edificio.

Un mes después, las autoridades todavía no sabían quién había iniciado el fuego. Un investigador me llamó preguntando si tenía alguna idea de quién podría haber sido. La misma voz que nos había llevado a interceder me dijo: "Dile al investigador que quien lo hizo forma parte de la otra iglesia". Se lo dije y, al otro día ya tenían a la persona en custodia. Es muy importante vivir en el espíritu de oración. Algo que he aprendido del apóstol es que Jesús "pasaba horas en oración y minutos con los hombres". Ese es el patrón que nosotros estamos siguiendo ahora y estamos viendo el poder de Dios.

Liberada de satanismo y abuso sexual

Kenya Guevara nació en El Salvador, Centroamérica, hace 19 años y llegó a ser satanista y líder de una pandilla. Ahora, forma parte del Ministerio El Rey Jesús, y éste es su testimonio:

Mis padres emigraron a los Estados Unidos cuando yo era una niña, y me dejaron en El Salvador a cargo del hermano de mi papá. Ese tío abusó de mí sexualmente desde que tenía seis o siete años. Me drogaba y hacía todo lo que quería conmigo. Yo sentía un enorme dolor. Como no tenía amistades ni quien me aconsejara, me uní a una pandilla con la promesa de que allí estaría bien, que el dolor y la soledad acabarían. Entré en una "mara",[6] donde me obligaban a hacer cosas horribles; incluyendo el participar del satanismo, donde me marcaron una mano y me llevaron a hacer un pacto con el diablo. Fue entonces que comencé a tener ataques demoniacos; sentía que me observaban y me perseguían. Pero después supe que durante ese tiempo mi mamá oraba por mí.

Finalmente, el gobierno de los Estados Unidos me concedió asilo humanitario a causa del abuso sexual que había sufrido desde pequeña y me mudé a este país. Yo no quería nada con Dios, pero la pareja que hoy son mis mentores,[7] oraban sin cesar junto a mi madre. ¡Nunca se cansaron de orar! De pronto comencé a sentir que algo cambiaba en mí; sentí que mi odio hacia Dios se estaba yendo. Un día me invitaron a un retiro de sanidad interior y liberación; y mientras me ministraban comencé a dar gritos porque

---

6. En El Salvador se conoce como "mara" a una pandilla juvenil de conducta violenta.
7. En El Rey Jesús, un mentor es el líder de un grupo de discípulos.

sentía que me quemaba. Era como si dentro de mí me estuvieran arrancando algo. Ese día comencé a pedirle a Dios un encuentro con Él. Yo lo había sentido, sabía que existía, pero ahora quería tener un encuentro. En una Casa de Paz,[8] Dios me habló y me dijo: "Yo soy tu Padre". En ese momento sentí que me iba a desmayar y comencé a verme en otro mundo. Me veía con Dios y lo oía diciéndome: "Yo siempre estuve ahí contigo, nunca te dejé sola. Tú eres mi hija, nada te va a faltar". Y sentía que me abrazaba.

Ahora soy otra persona; no quedan rastros de la Kenya de años atrás. Mi vida es totalmente diferente. Antes solo sentía dolor, ahora vivo en total felicidad. Todo lo que pasé y las cosas que hice, todas mis experiencias del pasado, hoy las uso para evangelizar y orar por jóvenes que están pasando por iguales o peores circunstancias que yo. Tengo autoridad para decirles que Dios puede cambiar sus vidas, porque Él cambió la mía.

---

8. Grupos pequeños que se reúnen en las casas para ser enseñados en la Palabra y recibir el poder de Dios.

4

LA REGLA DE ORO DE LA ORACIÓN

"Porque es necesario que el que se acerca a Dios crea que le hay, y que es galardonador de los que le buscan".
—Hebreos 11:6

Durante los tres años y medio que los discípulos de Jesús caminaron con su Maestro, hubo al menos dos asuntos espirituales importantes que ellos no entendieron por completo. Uno, como indicamos anteriormente, fue la oración; por eso, los discípulos le pidieron a Jesús que les enseñara a orar. El otro es la fe. Estos mismos asuntos siguen siendo piedras de tropiezo para la iglesia en el presente siglo.

Jesús les preguntó a Sus discípulos, *"Cuando venga el Hijo del Hombre, ¿hallará fe en la tierra?"* (Lucas 18:8). Esta cita bíblica parece resumir la incertidumbre que existe desde los días que el Hijo de Dios caminó sobre la tierra. Y la preocupación es válida porque vemos que, a medida que se acerca el tiempo de Su segunda venida, la maldad y la anarquía aumentan sobre la tierra y muchos están desertando de las iglesias para sumarse a las filas del mundo. Así que, cuando Cristo venga, la fe genuina será una moneda de escasa circulación. Muchos habrán abandonado su fe en Cristo y requerirán de una mega fe para enfrentar los días venideros.

Por lo tanto, la fe y la oración deben ir juntas; sin embargo, ambas son raras hoy en día. Si combinamos su escasez con la falta de amor, la situación se vuelve verdaderamente seria. La Biblia nos advierte, "*Y por haberse multiplicado la maldad, el amor de muchos se enfriará*" (Mateo 24:12). Quizá usted se pregunte, "¿Y qué tiene que ver la oración con el amor?". Como hemos visto, la oración es una actividad que se realiza dentro de una relación personal, basada en el amor que existe entre Dios y los hombres. La Biblia muestra que, a medida que se acercan los tiempos finales, la oración escaseará cada vez más; en otras palabras, esa relación de amor que une a los hombres con Dios se debilitará.

Esta preocupación motivó el reclamo que Jesús le hizo a la iglesia de Éfeso cuando dijo,

> *Has sufrido, y has tenido paciencia, y has trabajado arduamente por amor de mi nombre, y no has desmayado. Pero tengo contra ti, que has dejado tu primer amor. Recuerda, por tanto, de dónde has caído, y arrepiéntete, y haz las primeras obras; pues si no, vendré pronto a ti, y quitaré tu candelero de su lugar, si no te hubieres arrepentido.* (Apocalipsis 2:3–5)

Los tiempos que estamos viviendo requieren un mayor nivel de oración, debido a que las fuerzas del infierno que ahora se mueven sobre la tierra son de grado mayor. Hay un choque de fuerzas sobrenaturales en el segundo cielo, que es la esfera donde habitan los principados y las potestades. Además, el infierno está desatando espíritus demoniacos que nunca antes habían estado en la tierra; por eso las tinieblas son cada vez más densas. Atar y echar fuera esos espíritus requiere un nivel mayor de poder y autoridad; y eso solo puede lograrse a medida que la iglesia se convierte en una verdadera casa de oración.

Lamentablemente, la iglesia moderna no le enseña a la gente cómo orar, porque ella misma ha perdido la práctica y la experiencia de la oración. El mundo espiritual, al igual que el natural, se rige por leyes. Aunque el mundo espiritual es invisible y no puede ser visto con los ojos físicos, es más real que el natural y tiene sus propias leyes que lo gobiernan. Ignorar o desconocer esas leyes puede volver ineficaz nuestra oración. Cuando tenemos revelación y entendimiento de estas leyes sobrenaturales en el ámbito espiritual, tendremos una vida de oración más poderosa y efectiva. Quien continuamente se mueve en revelación, operará según estas leyes mayores.

Es decir que, para caminar en el ámbito sobrenatural, debemos tener revelación de qué orar y cómo orar. Jesús nos dio una revelación trascendental de lo que debemos orar cuando les enseñó a Sus discípulos cómo hacerlo. *"Les dijo: Cuando oréis, decid: Padre nuestro que estás en los cielos, santificado sea tu nombre. Venga tu reino. Hágase tu voluntad, como en el cielo, así también en la tierra"* (Lucas 11:2). Estos son los asuntos de mayor importancia que debe incluir nuestra oración.

> La oración nos eleva más allá del tiempo, el espacio y la materia.

La oración efectiva es aquella que se hace del cielo a la tierra; no la que va de la tierra al cielo. También es conocida como "la oración del tercer día", en referencia a la resurrección de Cristo y nuestro lugar en Él. Consiste en trascender a nuestra posición de hijos e hijas de Dios, que estamos sentados en *"lugares celestiales"* juntamente con Cristo (Efesios 2:6), por encima de principados y potestades (vea Efesios 1:20–22; 6:12), y desde allí oramos hacia la tierra. Este tipo de oración desafía las leyes naturales y sobrepasa nuestra realidad; colocándonos así por encima de cualquier reporte médico adverso, problema familiar, crisis de dinero, situación de desempleo o cualquier otra circunstancia negativa que estemos enfrentando. La oración nos eleva para decretar desde una dimensión más alta. Por eso, después de orar, somos libres del miedo y la ansiedad, y nos llenamos de fe, sabiendo que Dios está obrando en y a través de nosotros.

> Nuestras oraciones deben ser de tal forma, que nos hagan trascender lo temporal y entrar a lo eterno.

Cuando oramos desde nuestro asiento de autoridad en lugares celestiales, todo lo que nos hace temer y dudar —incluso las críticas que alguien más haga sobre nosotros— no nos importan. Desde ese lugar, los problemas no son realidades verdaderas, sino simples "hechos" que pueden variar conforme a lo que decretemos en oración. ¿Por qué? Porque cuando oramos establecemos la voluntad de Dios con autoridad desde un ámbito superior. El ámbito eterno determina lo que sucede en el ámbito temporal. Vale aclarar que no se trata de negar la realidad, ni de un escapismo irresponsable, ni mucho menos de un mantra que se repite mecánicamente para obtener un resultado ansiado. Se trata de mirar las cosas desde la perspectiva de Dios, quien tiene todo el poder para cambiar nuestras circunstancias.

Los médicos no tienen poder para restituirle directamente la salud a nadie. En la mayoría de casos, solo pueden prescribir medicina o recomendar alguna terapia que alivie o cure los síntomas físicos de problemas que básicamente son espirituales, y cuyo origen está en la condición caída del hombre, el pecado generacional o el pecado individual. La ciencia médica jamás llegará a la raíz de un problema que se encuentra anclado a un corazón inundado de pecado. (Vea Jeremías 17:9; Mateo 15:18–19). En cambio, *la oración tiene poder* para lidiar con la raíz del problema y transformar esa realidad.

El primer rompimiento en la oración se produce cuando trascendemos nuestra propia realidad.

Cada vez que decretamos desde el asiento de autoridad donde estamos sentados juntamente con Cristo, y oramos desde una posición de justicia (hablaré de esto con más detalle en el próximo capítulo), resulta más fácil caminar por fe y no por vista. (Vea 2 Corintios 5:7). Ya no vemos la condición desde la perspectiva natural. El Espíritu nos lleva a adorar a Dios y a declarar que nuestro milagro está hecho; porque en la eternidad, todo milagro ya fue provisto en la cruz de Cristo. Así que, visualícese en el cielo, parado delante de Dios, habiendo sido justificado por su fe en Cristo. (Vea, por ejemplo, Gálatas 2:16; 3:24). Allí, Dios se convierte en el objeto de nuestra atención y adoración, y eso nos lleva a trascender la realidad terrenal. Parado por encima del ámbito temporal, ahora usted puede ver todo desde una perspectiva celestial.

"No mirando nosotros las cosas que se ven, sino las que no se ven; pues las cosas que se ven son temporales, pero las que no se ven son eternas" (2 Corintios 4:18). En este verso, la fragilidad humana es esencialmente contrastada con las demostraciones del poder de Dios. Las circunstancias del hombre no son eternas sino simplemente temporales. En cambio, nuestra adoración a Dios es eterna y tiene supremacía sobre cualquier problema temporal. Una vez más, cuando oramos, trascendemos todos los problemas.

Cuando usted se enfoca en alabar y adorar a Dios, Él se hace cargo de sus dificultades y lidia con sus enemigos.

La regla de oro de la oración

Esto nos lleva a la "Regla de oro de la oración", que afirma que la oración comienza cuando creemos y reconocemos la existencia y las cualidades de Dios. La "ley de la fe" establece que un hombre no puede creer en algo si no tiene la certeza de que aquello existe. En consecuencia, no podemos creer en Dios si no sabemos que Él es real. La Escritura aclara al respecto que *"sin fe es imposible agradar a Dios; porque es necesario que el que se acerca a Dios crea que le hay"* (Hebreos 11:6). Cuando oramos, estamos afirmando nuestra creencia de que Dios es real y está disponible para nosotros, aquí y ahora. La segunda parte del mismo versículo explica que el hecho de que oremos ante Él y nos responda, confirma que Dios está allí *"y que es galardonador de los que le buscan"*.

> La oración comienza reconociendo la existencia y cualidades de Dios. Ésta es la regla de oro de la oración.

Por medio de la fe creemos en la existencia de Dios y en la realidad de las cosas invisibles. De la misma forma, a través de la oración nosotros afirmamos nuestra creencia, ya que si Él no existiera no habría razón para orar. El origen de nuestras oraciones es Dios mismo. Solo los necios niegan su existencia (vea Salmos 14:1), pero Dios no espera que alguien crea en lo que no conoce. Nosotros creemos en Dios porque Él existe y se nos ha revelado. Todo entre Dios y el hombre comienza con el conocimiento de Dios. Jesús dijo,

> *Vosotros, pues, oraréis así: Padre nuestro que estás en los cielos, santificado sea tu nombre.* (Mateo 6:9)

En otras versiones de la Biblia, la palabra *"santificado"* se traduce como "santo", "sagrado" u "honrado". Comenzamos a recibir la revelación de la oración cuando afirmamos o reconocemos la santidad de Dios y le damos honra, porque Él es digno de recibir nuestra adoración. No podemos simplemente entrar a Su presencia e inmediatamente darle nuestra lista de peticiones. Es más, no debemos presentar ninguna petición ante el trono de Dios, a menos que primero reconozcamos Su existencia y lo honremos por lo que Él es. De acuerdo con la regla de oro de la oración, debemos reconocer al Señor como Dios Todopoderoso, Santo, Padre eterno, Rey de reyes, Señor de señores, y el gran Yo Soy.

> **Cuando oramos, afirmamos que Dios está vivo y que está con nosotros y en nosotros.**

Cuando no tomamos tiempo para afirmarlo y honrarlo, estamos cometiendo una violación a la regla de oro de la oración. ¿Qué hace nuestra afirmación? Reconoce y declara que nadie puede ponerle límites al Dios eterno. *"Dios no es hombre, para que mienta, ni hijo de hombre para que se arrepienta. Él dijo, ¿y no hará? Habló, ¿y no lo ejecutará?"* (Números 23:19). Escrito está, ¡Dios no es un hombre! Por lo tanto, nunca debemos pensar en Él y Sus capacidades en términos humanos. Él es la autoridad suprema del cielo y la tierra. Él es nuestro Creador y Padre, un Ser supremo con habilidades sobrenaturales, que demanda que le adoremos *"en espíritu y verdad"* (Juan 4:23–24).

Muchas personas tienden a creer que Dios es un Ser lejano, que habita fuera de ellos. Una de las razones para creer esto es que, en el Antiguo Testamento, Dios solo se revelaba a Sí mismo fuera de los seres humanos porque, después de la caída de la humanidad, ya no moraba dentro de la gente. El caso de Moisés es solo un ejemplo. Cuando Dios llamó a Moisés, le habló desde una zarza ardiendo (vea Éxodo 3:1–4); luego, cuando Moisés le pidió a Dios ver Su gloria, él solo pudo ver Su *"espalda"* (vea Éxodo 33:18–23). Pese a lo extraordinaria que pudo haber sido esa experiencia, Moisés nunca tuvo la revelación de Dios habitando dentro de él.

Hoy en día, muchos cristianos siguen creyendo que Dios está lejos de su alcance, pero la relación del hombre con el Padre cambió después de la muerte y resurrección de Jesús, y luego de haber recibido el don del Espíritu Santo. La buena noticia es que Dios ahora vive en nosotros por medio de Su Santo Espíritu. Este fue uno de los propósitos de la obra de Cristo en la cruz. Aunque Moisés nunca tuvo la revelación de que Dios vivía en él, todavía pudo hablar con Dios como un amigo. (Vea Éxodo 33:11). ¿Cuánto más podemos conocer al Señor como nuestro Amigo a través del Espíritu? Recuerde que cuando Jesús murió, el velo del templo que separaba a Dios del hombre se rasgó en dos. Desde entonces, aquellos que creemos en Él y lo hemos recibido en nuestras vidas tenemos libre acceso a la presencia de Dios, en cualquier momento y en cualquier lugar.

Si primero no afirma a Dios en oración, no podrá oír de Él, y no sabrá qué orar; como resultado, todo lo que ore será ilegal.

Cómo afirmar y honrar a Dios

Dios no puede moverse a favor nuestro en un área en que no lo hemos afirmado y honrado. Comencemos a honrarlo con nuestra vida. Por ejemplo, ¿cómo lo afirmamos y honramos con nuestras finanzas? Cada vez que le damos nuestros diezmos y ofrendas, estamos reconociendo que Él ejerce Señorío en nuestro dinero y que es la máxima fuente de nuestra provisión.

Mientras no afirme a Dios no sabrá quién es Él. La honra es la manifestación de nuestra afirmación.

Una manera de afirmar y honrar a Dios es a través de la alabanza, que consiste en reconocer Sus grandes obras, Su poderío, Su misericordia, Su grandeza, Su majestad y Su supremacía por encima de cualquier otro dios. Podría decir que alabar es una forma de jactarnos de Él, de alardear, de presumir y mostrar que estamos orgullosos de Él. Cuando alabamos a Dios, declaramos lo que Él hizo, está haciendo y hará a favor de Sus hijos. Durante la alabanza se producen grandes manifestaciones sobrenaturales, porque cuando afirmamos a Dios, Él confirma nuestra fe en Él.

> La alabanza afirma las obras de Dios y la adoración afirma Su persona.

Otra forma de afirmar y honrar a Dios es por medio de la adoración. No podemos tener una genuina relación con Él sin adorarlo. Mediante la adoración reconocemos que Dios está con nosotros. Sentimos Su presencia, nos rendimos, caemos postrados y nos entregamos por completo a Él. Lo adoramos porque Él es digno de recibir nuestra adoración. Durante la adoración, nos unimos en el Espíritu al coro de *"los veinticuatro ancianos [que] se postran delante del que está sentado en el trono, y adoran al que vive por los siglos de los siglos, y echan sus coronas delante del trono, diciendo: Señor, digno eres de recibir la gloria y la honra y el poder; porque tú creaste todas las cosas, y por tu voluntad existen y fueron creadas"* (Apocalipsis 4:10–11).

> La consumación de nuestra adoración es la manifestación de Su presencia.

Activación

Querido lector, antes de concluir este capítulo, quiero ayudarle a mejorar su vida de oración, mostrándole cómo pongo en práctica la regla de oro de la oración. Cada día, cuando me presento ante el Padre, comienzo afirmándolo y honrándolo. Nunca comienzo con peticiones personales, rogando por bendiciones, ni siquiera pidiendo perdón. Eso no significa que no tengo necesidades o motivos para pedir perdón, pero sé que primero debo reconocerlo a Él como Señor en todas las áreas de mi vida. Hago esto libremente, de la forma que el Espíritu me guíe. Por lo general, oro de esta manera:

Padre celestial, Tú eres mi fuente de vida, mi fuente de provisión y salvación. Eres el gran Yo Soy, eterno e infinito, el Único que tiene vida en Sí mismo. Eres todopoderoso y temible. Yo le quito los límites a mi mente para que puedas hacer Tu voluntad y obres milagros y maravillas en mí y a través de mí. Te adoro como mi sanador, porque Tú llevaste mis enfermedades a la cruz. Gracias porque eres Dios misericordioso, fiel, bueno y justo.

Después de afirmarlo, le pido perdón al Señor por todo lo que deba. De esta forma, me paro en posición de justicia para declarar los milagros que Jesús desató en la cruz, los cuales necesito establecer en la tierra para seguir expandiendo Su reino.

Esto es lo que yo hago. Ahora, ¡vaya y haga lo mismo!

Testimonios de oraciones de rompimiento

Un joven es sanado de lepra

Sergio tiene 27 años y es miembro del Ministerio El Rey Jesús en Maryland, Estados Unidos. Antes de conocer a Cristo, estaba sufriendo de lepra. La enfermedad lo estaba consumiendo —tenía muchas llagas, su torso estaba en carne viva, y la piel de sus manos y piernas se veía arrancada. Por causa de esta condición, había tratado de suicidarse dos veces en un mismo día. Pero cuando tuvo un encuentro con el Señor, ¡la lepra desapareció instantáneamente de su cuerpo! Aquí está su testimonio:

Mi familia practicaba la santería, y esa enfermedad vino a mi vida como parte de una maldición generacional. Yo perdí toda esperanza; no quería vivir. No encontraba una razón para vivir si tenía que vivir de esa manera. Cuando me duchaba sangraba mucho, porque mi piel se desgarraba, y tenía que pasar varios días en el hospital. Durante ese tiempo, mis amigos me abandonaron; ni siquiera mis padres ni mis tíos me visitaban. Estaba completamente solo. Los médicos me dijeron que seguiría padeciendo esa enfermedad por más de un año.

Cuando ya no podía soportar más, en medio de la noche, le clamé a Dios. Lo reconocí como único y supremo Dios, Creador del universo y de mi vida. Entonces, Él se me reveló y me dio fortaleza, y pude levantarme de la cama. Rompí el pacto que mi familia tenía con Satanás e hice un nuevo pacto de fidelidad a Cristo. Su sangre me limpió, y todo rastro de lepra desapareció. Hoy en día, le pido a Dios que me ayude a perseverar, sin importar la prueba que tenga que enfrentar. Le sirvo y soy un testimonio vivo de Su poder.

¡Afirmar y honrar a Dios activó el poder de la cruz en la vida de Sergio! ¡Gloria al Señor!

Un hijo regresa con su familia

La Pastora Diana Núñez forma parte de mi equipo ministerial en El Rey Jesús. Yo entreno a todos mis líderes en oración y lo sobrenatural, para equiparlos a que vayan y hagan la obra del reino. Ella compartió este testimonio de cómo Dios obró para traer hijos e hijas que estaban en el mundo de regreso a sus familias:

> Un domingo, mientras estaba predicando durante el servicio de las 9 de la mañana, el Espíritu Santo me dijo que llamara adelante a las madres cuyos hijos se habían ido de su casa y estaban en el mundo. Alrededor de treinta madres pasaron al altar. El Espíritu me mostró que, debido a las oraciones de esas madres, en menos de treinta días sus hijos regresarían a casa y al Señor. Así que, yo oré de acuerdo con Su instrucción y declaré que esa palabra se cumpliría.
>
> Semanas más tarde, mientras caminaba por el pasillo de la iglesia, una mujer se me acercó y me dijo que era una de las madres que había sido ministrada ese día. Había estado orando para que su hijo volviera a casa y le sirviera al Señor. Ese domingo, ella creyó con todo su corazón lo que yo declaré, y, en menos de treinta días, recibió una llamada de su hijo diciéndole que volvería a casa. Días más tarde, su hijo regresó a casa. El domingo siguiente, fue a la iglesia, recibió a Cristo, y fue bautizado en aguas. ¡Ella testifica que su hijo ahora está completamente transformado y sirve al Señor!

Una mujer resucitó

Ruth y su esposo viajaron desde Perú, Sudamérica, a uno de los eventos de nuestro ministerio, y su esposo dio este testimonio:

Nos enteramos que estábamos esperando nuestro segundo bebé, y estábamos muy felices, pero pronto vinieron complicaciones que empañaron nuestra alegría. Los doctores nos dijeron que el bebé corría alto riesgo. En su quinto mes de embarazo mi esposa tuvo varias hemorragias. Fuimos a la sala de emergencias, donde nos informaron que el bebé había muerto y tenía que ser removido quirúrgicamente. Cuando llevaron a mi esposa a cirugía, su doctora me dijo que había solo un dos por ciento de probabilidad de que ella viviera. De inmediato empecé a orar, y oré sin cesar. Después, en la sala de operaciones, mi esposa perdió dos litros y medio de sangre, sufriendo un paro respiratorio y obstrucción pulmonar. Entonces me informaron que Ruth había muerto en el quirófano, y que los médicos estaban haciendo todo lo posible para reanimarla, pero no respondía. En ese momento nuestro pastor se conectó conmigo y comenzó a orar, decretando sanidad sobre la vida de mi esposa, en el nombre de Jesús. Declaró el poder de la resurrección sobre ella, y de pronto, mi esposa reaccionó y poco a poco comenzó a estabilizarse.

Ruth cuenta que durante ese tiempo, ella vio dos luces blancas; eran como dos ángeles que le decían: "Todavía no es tu tiempo". Ella había muerto, pero la oración desató el poder de Dios, y resucitó. Sin embargo, la crisis no terminó allí, porque, al volver en sí después de la operación, no reconocía a nadie, ni siquiera a mí ni a su familia. No recordaba que tenía un bebé. ¡Nada! Los médicos dijeron que había sufrido daños por hipoxia, que es la falta de oxígeno en la sangre. Me dijeron que tenía que prepararme porque Ruth no volvería a la normalidad, y que pasarían al menos dos años para que recuperara la mitad de su memoria. ¡Pero no nos dimos por vencidos! Empezamos una cadena de oración, y, junto a hermanos y hermanas de diversas partes del país, perseveramos en oración sin cesar. En menos de un mes, Ruth empezó a recuperar la memoria, y menos de tres meses después de haber sido dada de alta en el hospital, estaba nuevamente adorando a Dios en el altar de nuestra iglesia, tal y como solía hacerlo antes que todo esto pasara. No presenta secuelas del daño por hipoxia, ni necesita seguir tomando pastilla alguna. ¡Nuestro Dios hace milagros y resucita muertos! Nunca pare de orar; y nunca deje de creer.

5

ORANDO DESDE UNA POSICIÓN DE JUSTICIA

"La ferviente oración del justo, obrando eficazmente, puede mucho".
—Santiago 5:16 (RVA-2015)

Lo primero que la mayoría de la gente busca cuando va delante de Dios en oración es ser llenos de fe. Sin embargo, a pesar de que la fe es un elemento esencial de la oración, no basta para asegurar que nuestras oraciones sean contestadas y que logremos el rompimiento que estamos esperando. Cuando oramos, mucho más importante que tener fe es estar parados en un lugar de justicia. En cualquier área donde la justicia de Dios no prevalezca, nuestra fe no será suficiente, ya que la justicia es el asiento de la fe. Adicionalmente, aunque Dios le ha dado a cada persona una medida de fe (vea, por ejemplo, Romanos 12:3, 6), hay algunas cosas que requieren una dosis extra de fe, y para lograrla, es necesario igualmente estar parados en una posición de justicia. Podemos tener una fe enorme, pero si nuestra vida no es recta delante de Dios, Él no contestará nuestras oraciones. Lejos de la justicia, la fe se vuelve inoperante y pierde su efectividad.

Toda oración debe ser ofrecida desde una posición de justicia.

Lo anterior nos lleva a preguntarnos, ¿quién es considerado un hombre justo? Es uno que permanece alineado a la naturaleza y el carácter de Dios a través de Cristo. Cuando no estamos alineados con Dios, con Su nombre y Su Palabra, nos volvemos presa fácil para el enemigo. Por esa razón, en la cruz del Calvario, Jesús tomó todas nuestras faltas y pecados sobre Él. El Hijo nos hizo justos ante el Padre, ¡tan justos como Él! (Vea, por ejemplo, Romanos 3:21–22).

Jesús dijo, *"Esta es mi sangre del nuevo pacto, que por muchos es derramada para remisión de los pecados"* (Mateo 26:28). Ser "justificado" y hecho justo es ser traído de vuelta a un estado de completa inocencia, donde cada pecado es borrado y no queda récord de nuestras transgresiones. Ser justificado es ser perdonado y limpiado de toda iniquidad. La clave para entender la justicia y la justificación es la palabra *remisión*, que significa liberar a alguien de culpa o del castigo que merece por su pecado. El término refleja el carácter definitivo y perfecto del sacrificio de Cristo. En esencia, lo que expresa es que, debido a la obra terminada de la cruz, Dios ya no nos ve como pecadores sino como justos. Ningún ser humano podría haberse hecho justo por sí mismo; Dios tuvo que enviar a Su único Hijo a la tierra para redimirnos del pecado.

Nuestra posición de justicia delante de Dios determina la forma como nuestras oraciones serán contestadas.

En cualquier área de nuestra vida en la que no estemos parados en la justicia que Jesús ganó para nosotros, el enemigo tendrá derecho legal para acusarnos delante de Dios. Por ejemplo, si un hombre maltrata a su esposa, él no recibirá respuesta a sus oraciones en el área de la familia, porque su posición de injusticia estorbará sus oraciones. (Vea 1 Pedro 3:7). De la misma forma, si una mujer no se somete a su esposo, o no le da el lugar que le corresponde como cabeza de su casa, estará en una posición de injusticia ante el Padre. (Vea, por ejemplo, Efesios 5:22–23). Igualmente, si una persona de negocios abusa de sus empleados, no pagándoles un salario justo o irrespetando sus derechos, no estará parada en posición de justicia en el área de los negocios y las finanzas, y Dios no oirá sus oraciones. (Vea, por ejemplo, Colosenses 4:1). También, si una persona rica roba a los pobres o a las viudas, estará actuando injustamente, y Dios tampoco responderá sus oraciones. (Vea, por ejemplo, Isaías 10:1–2).

Por lo tanto, antes que le pidamos algo a Dios, debemos examinarnos a nosotros mismos para ver si estamos violando alguno de Sus mandamientos, o no estamos reflejando Su naturaleza y voluntad. Jesús siempre vivió en justicia, por eso el Padre respondió todas Sus oraciones. El Hijo continuamente estaba en una relación estrecha con el Padre, alineado a Su perfecta voluntad. Por esa razón, como vimos antes, cuando Jesús estuvo frente a la tumba de Lázaro, en lugar de orar para que ocurriera un milagro, Él simplemente dio gracias a Dios, diciendo, *"Padre, gracias te doy por haberme oído. Yo sabía que siempre me oyes"* (Juan 11:41–42). Él siempre oraba desde un lugar en el Espíritu en el cual la palabra *imposible* no tiene significado.

"Padre,... ¡Tú siempre me oyes!" Ése es el nivel de oración que debemos alcanzar si continuamente vivimos en justicia.

Obstáculos para orar desde una posición de justicia

Si removemos los obstáculos para orar desde una posición de justicia, podemos tener la seguridad que nuestras oraciones serán escuchadas por Dios. Estas son las principales barreras y la manera cómo podemos romper cada obstáculo en nuestra relación y comunicación con el Señor.

Iniquidad

Pero vuestras iniquidades han hecho división entre vosotros y vuestro Dios, y vuestros pecados han hecho ocultar de vosotros su rostro para no oír. (Isaías 59:2)

La palabra "iniquidad" en hebreo significa literalmente: torcer o retorcer lo moral, hasta el punto de pervertirlo de raíz. Iniquidad es una maldad grande que nos impide caminar rectos con respecto a la norma de justicia y santidad de Dios. El término alude a lo extremadamente malo, inmoral y perverso que se origina en el corazón del hombre. (Vea, por ejemplo, Mateo 15:18–19). La iniquidad y el pecado (pecar es perder la marca de obediencia a los mandamientos de Dios) son las dos condiciones que nos separan de Él; son las áreas que nos impiden estar en rectitud ante Su presencia. Son lo opuesto a la justicia y tienen una influencia determinante en nuestras oraciones, ya que Dios no habita en una atmósfera de injusticia.

Nadie puede orar con iniquidad en el corazón, porque todo lo inicuo pervierte los caminos de Dios.

Dios no oirá, atenderá o responderá una oración hecha desde una posición de injusticia. Sin importar cuánto lloremos, gimamos o gritemos, ¡Él no escuchará! Por ejemplo, quienes tuercen la verdad están viviendo en un estado de deshonestidad. Aquellos que no reconocen la autoridad y rehúsan dar cuentas de sus acciones están pervirtiendo la obediencia. Quienes albergan falta de perdón, amargura u odio, están distorsionando el amor de Dios, y sus corazones están llenos de rebelión. Con frecuencia la gente se pregunta, "¿Por qué Dios no responde mis oraciones?". La respuesta a esta pregunta viene de la siguiente enseñanza de Jesús, la cual dio mientras instruía a Sus discípulos acerca de la oración: "*Y cuando estéis orando, perdonad, si tenéis algo contra alguno, para que también vuestro Padre que está en los cielos os perdone a vosotros vuestras ofensas*" (Marcos 11:25).

La Escritura dice de Satanás, "*Perfecto eras en todos tus caminos desde el día que fuiste creado, hasta que se halló en ti maldad*" (Ezequiel 28:15). Satanás era un ángel de luz hasta que se halló en él la maldad retorcida. Esa es la iniquidad; una mezcla de lo carnal y lo demoniaco, que pervierte la justicia de Dios. Si en nosotros hay deshonestidad, falta de perdón, envidia, desamor, amargura, resentimiento, odio o rebelión, es porque no estamos en una posición de justicia. Donde hay mezclas corruptas y contaminación —que son lo opuesto a la pureza, santidad y el estar alineados a la voluntad de Dios— hay un corazón lleno de iniquidad. Cada vez que una persona tiene motivos erróneos o una agenda opuesta a Dios, es porque está en una posición de injusticia. En resumen, si una persona pervierte la verdad, la sumisión piadosa, el amor, o cualquier combinación de estos, Dios no oirá sus oraciones.

> Pecado es errar al blanco, transgresión es violar la ley, pero iniquidad es torcer y pervertir la justicia de Dios.

Una conciencia de pecado

Una de las claves para establecer una buena relación con Dios, es que debemos hablar confiadamente con Él; sin sentimientos de culpa ni condenación. El salmista dijo: *"Si en mi corazón hubiese yo mirado a la iniquidad, el Señor no me habría escuchado"* (Salmos 66:18). Él estaba consciente que la culpabilidad a menudo viene cuando sentimos condenación en nuestro corazón. El enemigo es un experto poniendo trampas para evitar que nos acerquemos a Dios; usa el pecado, las transgresiones, iniquidades, injusticias o cualquier otro pecado de comisión u omisión para acusarnos, restregarnos la culpa por la cara y no dejarnos orar en paz. ¿Qué debemos hacer? Ir delante de Dios con un *"corazón contrito y humillado"*, reconocer nuestro pecado, arrepentirnos y pedirle perdón: *"Los sacrificios de Dios son el espíritu quebrantado; al corazón contrito y humillado no despreciarás tú, oh Dios"* (Salmos 51:17). Además, es importante aprender a recibir el perdón de Dios, por medio de la sangre de Cristo. Si después de hacer esto el enemigo aún sigue trayéndole condenación, debe reprenderlo y echarlo fuera en el nombre de Jesús.

La culpabilidad destruye nuestra fe y anula nuestra habilidad para orar.

La Palabra nos urge a acercarnos a Dios *"con corazón sincero, en plena certidumbre de fe, purificados los corazones de mala conciencia, y lavados los cuerpos con agua pura"* (Hebreos 10:22). Si vamos a Dios con una conciencia limpia, como Sus hijos e hijas, en el nombre de Jesús, parados desde una posición de justicia, Él nos oye. Sin embargo, si nos sentimos culpables —ya sea porque no hemos confesado nuestros pecados o porque no hemos recibido el perdón de Dios a través de Cristo—, nuestras oraciones son bloqueadas. Recuerde que nunca podremos entrar a la presencia de Dios en base a nuestros propios méritos, inteligencia o habilidades personales, sino porque estamos vestidos de la justicia de Dios. (Vea, por ejemplo, Job 29:14; Isaías 61:10). Quiere decir que somos justos y realizamos obras justas, debido a que Cristo en la cruz nos dio una nueva naturaleza de justicia. Conocer y vivir en esa justicia es la única forma de *"tener libertad* [atrevimiento] *para entrar en el Lugar Santísimo por la sangre de Jesucristo"* (Hebreos 10:19).

> **El sentimiento de condenación es un gran obstáculo para que nuestras oraciones sean contestadas.**

La autojustificación

Todos los creyentes estamos llamados a estar en una posición de justicia delante de Dios. La Biblia dice que hemos sido revestidos con Su justicia, para que *"fuésemos hechos justicia de Dios en Él"* (2 Corintios 5:21). Esto significa que, si Cristo hace justa nuestra naturaleza, entonces estamos empoderados para hacer obras justas. Insisto, lejos de Él nada podemos hacer. Si algo hacemos es por haber sido justificados por Cristo, y porque el Espíritu Santo de Dios mora en nosotros. No tenemos que andar autojustificándonos para recibir la aprobación de Dios. Una vez que nos arrepentimos de nuestros pecados y pedimos perdón, queda activado el plan de justificación divino completado en la cruz, por el cual la sangre de Cristo nos limpia y la justicia de Cristo es puesta en nuestro corazón. Así podemos acercarnos confiadamente al trono de la gracia de Dios, y nuestras oraciones son contestadas.

La justicia capta la atención de Dios

La justicia de Dios es un aspecto de Su santidad. De ahí que, la justicia y un sano temor de Dios están siempre conectados a la vida de un creyente. La vida y el reinado de David son excelentes ejemplos de esta verdad. Mientras él se mantuvo dentro de la voluntad de Dios, su reinado prosperó; pero cuando David cayó en pecado, las bases de la justicia y el temor de Dios fueron socavadas en su vida, provocando una crisis que lo afectó no solo a él y su familia, sino también a Israel como nación. Sin embargo, cuando David sinceramente se arrepintió, Dios lo perdonó, porque él era un *"varón conforme a Su corazón"* (1 Samuel 13:14; vea también Hechos 13:22), que amaba a Dios y quería hacer Su voluntad.

A través de estos ejemplos, el Señor nos enseña que Él *"está lejos de los impíos; pero él oye la oración de los justos"* (Proverbios 15:29). También aprendemos que *"los ojos de Jehová están sobre los justos y atentos sus oídos al clamor de ellos"* (Salmos 34:15). Esta es la visión que usted debe tener mientras ora: los ojos del Señor están sobre usted, Él vela por los justos, y *"la oración eficaz del justo puede mucho"* (Santiago 5:16). En oración, usted debe captar el oído y la atención de Dios. Si está parado en una posición de justicia, habiendo sido justificado por la obra de Cristo en la cruz, Él lo escuchará.

> Estando en posición de justicia, nuestra tarea es interceder por quienes no conocen a Dios o viven apartados de Él.

Justicia y misericordia van juntas

En Génesis leemos que Dios estaba a punto de destruir Sodoma y Gomorra debido a su gran iniquidad. Sin embargo, antes que Su juicio viniera sobre estas dos ciudades, el Señor le comunicó Sus intenciones a Abraham, quien comenzó a interceder ante el trono de Dios. *"Entonces [Abraham] se acercó al Señor y le dijo: ¿De veras vas a exterminar al justo junto con el malvado?"* (Génesis 18:23 NVI). Abraham continuó parado como un intercesor, diciendo, *"No se enoje mi SEÑOR… Tal vez se encuentren solo diez [personas justas]"* (verso 32 NVI). Y la respuesta de Dios fue, *"Por esos diez no la destruiré"* (verso 32 NVI). Él hizo esta promesa en base a Su amor por la justicia.

Desafortunadamente, en este tiempo, hay intercesores que oran por justicia, no por misericordia. En lugar de prevenir el juicio contra alguna persona, ciudad, iglesia o nación, ellos solo quieren que Dios destruya todo. Ese no es el corazón de un intercesor justo. Ese no es el corazón de Jesús ni el del apóstol Pablo, quien dijo, *"Porque testigo me es Dios, a quien sirvo en mi espíritu en el evangelio de su Hijo, de que sin cesar hago mención de vosotros siempre en mis oraciones"* (Romanos 1:9).

> Cuando oramos para que el juicio de Dios venga contra alguien, y no vivimos en rectitud, el juicio viene contra nosotros.

"Porque juicio sin misericordia se hará con aquel que no hiciere misericordia; y la misericordia triunfa sobre el juicio" (Santiago 2:13). Estoy convencido que Dios ha detenido Su juicio contra mucha gente debido a la intercesión de los justos. De la misma manera, gracias a las oraciones de hombres y mujeres justos, muchos se han salvado de ir al infierno. Hoy, mucha gente puede testificar que están vivos y reconciliados con Dios porque alguien oró por ellos cuando estaban apartados del Padre.

Cómo caminar en justicia

Practique el arrepentimiento como un estilo de vida

Cada vez que pecamos contra Dios, cada vez que la iniquidad y la perversión ocupan un lugar en nuestro corazón, debemos arrepentirnos. El arrepentimiento nos regresa a la presencia de Dios y abre los canales para que Él escuche nuestras oraciones. *"El que encubre sus pecados no prosperará; mas el que los confiesa y se aparta alcanzará mise-ricordia"* (Proverbios 28:13).

Cuando hay iniquidad en el corazón, la gente siempre encontrará una forma de hacer las cosas "a su manera"; es decir, ¡apartados de Dios! ¿Qué está planeando hacer lejos de Dios? ¿Acaso piensa mentir? Recuerde que una vez que miente, debe seguirlo haciendo para mantener la primera mentira. Dice el Salmo 101:7, *"El que practica el engaño no morará en mi casa; el que habla mentiras no permanecerá en mi presencia"*. Por eso, debemos orar: "Señor, si hay pecado e iniquidad en mí, ¡remuévelos ahora! Guíame en Tu camino". (Vea Salmo 139:23–24).

> El arrepentimiento hace que el oído de Dios se incline hacia nosotros.

Busque primero la justicia de Dios

Vestíos del nuevo hombre, creado según Dios en la justicia y santi-dad de la verdad. (Efesios 4:24)

Jesús enseñó a Sus discípulos a buscar y seguir la justicia de Dios. En Mateo 6:33 les dijo, *"Más buscad primeramente el reino de Dios y su justicia"*. La frase *"buscad primeramente"* nos urge a poner como prioridad la justicia del reino. Esto significa que, por encima de cualquier otra cosa, debemos desear estar siempre a cuentas con Dios. A menudo debemos preguntarnos: "¿Estoy bien con Dios? ¿Estoy alineado a Su voluntad?". Si no lo estamos, debemos examinarnos y determinar en qué área debemos arrepentirnos para no perder nuestra posición de justicia en Su presencia.

Toda oración contestada está alineada con el cielo.
Ese alineamiento determinará la velocidad de la
respuesta de Dios.

Vele y ore siempre

Pablo exhortaba a los Tesalonicenses a *"orad sin cesar"* (1 Tesalonicenses 5:17). Es vital que los creyentes que quieren mantener su posición de justicia velen y cuiden que sus oraciones no se debiliten. Por el contrario, deben procurar que su tiempo de oración crezca y se vuelva la primera y más importante tarea de cada día, porque de ella depende su relación y compañerismo con Dios. Cuando velamos en la presencia de Dios con un corazón recto, el Espíritu Santo nos muestra las áreas de injusticia que hay en nuestra vida, o dónde le hemos permitido al enemigo ganar terreno. (Vea Efesios 4:27). Por eso, a diario debemos orar sin cesar, porque consciente o inconscientemente, estamos expuestos al pecado y le damos cabida al enemigo para que obre.

Nuestra posición de justicia debe ser
reafirmada a diario.

Activación

Amado lector, hay un fuerte sentir en mi espíritu que me lleva a compartir con usted la manera como yo voy delante de la presencia de Dios, como la primera actividad que realizo cada día. Antes, ratifico lo que ya había dicho, que no voy a Su presencia con una lista de peticiones, sino que siempre inicio la comunicación con mi amado Padre, adorándolo, afirmándolo y honrándolo. No empiezo pidiendo perdón por mis faltas, sino afirmándolo como el Señor de mi vida, el Gran Yo Soy, el Dios Todopoderoso. Solo después de haber entrado a Su presencia, le confieso mis faltas y me arrepiento de todo pecado, transgresión e injusticia.

Una vez que recibo Su perdón, no permito que el diablo me siga acusando de lo mismo, porque ya esos pecados Jesús los borró. Soy justificado por la fe en Jesús y Su obra redentora en la cruz; mis pecados son borrados por la sangre de Cristo, y en Su nombre soy empoderado para hacer lo que Él me comisionó a hacer. Si no siento paz, sé que necesito sumergirme en Su Palabra, la cual me limpia de contaminación. Entonces le pido que me limpie, me justifique y me santifique. Una vez que estoy en posición de justicia, sé que los canales para hablar con Dios están abiertos. Allí puedo hablar cara a cara con Él, y siento una gran certeza en mi corazón de que Él está escuchando mis oraciones, las cuales hago guiado por el Espíritu Santo, para no orar nada fuera de Su voluntad.

Finalmente, deseo compartirles algo muy personal. Mi meta, como hijo de Dios, es llegar al punto en que todas mis oraciones sean contestadas por mi Padre, tal como fueron las de Jesús. Siento que ése es el camino por donde el Señor nos quiere llevar, a usted y a mí, como cuerpo de Cristo.

Testimonios de oraciones de rompimiento

Sanado de desorden bipolar

Mario, quien ahora se congrega en nuestro ministerio, llegó tras haber sido diagnosticado con una seria enfermedad psiquiátrica, la cual no le permitía tener una vida normal. ¡La continua oración de nuestra iglesia produjo un milagro en su vida!

Cuando tenía quince años fui diagnosticado con trastorno bipolar tipo 1. La única esperanza que tenía mi madre para mi futuro era la discapacidad. Tuve tres bancarrotas, porque no era capaz de manejar mis finanzas. Traté de suicidarme, pero no lo logré. Mi vida no tenía sentido; no me sentía capaz de hacer nada por mi cuenta; para todo necesitaba ayuda. Desesperado, llegué a la iglesia El Rey Jesús, pidiéndole a Dios una oportunidad. Cuando comencé a recibir revelación de la libertad de Cristo a través de la liberación, pude ser sano. Una vez libre, comencé a crecer siguiendo los pasos de la visión de la iglesia. Hoy soy líder de una Casa de Paz, donde la gente se llena de la presencia de Dios y es liberada por Su poder. Mi vida cambió tanto que mi mamá ahora sí puede ver el fruto de lo que Dios ha hecho conmigo. Incluso ha podido tomar su retiro para descansar, porque ahora soy capaz de encargarme de su negocio. En realidad, soy el dueño y director de la compañía que ella formó.

¡Gracias a Dios por las oraciones que, desde una posición de justicia, se hacen en esta casa!

Liberado de alcoholismo

Jaro es miembro de nuestro ministerio y tiene un fuerte testimonio del poder que se desata cuando una esposa se para en justicia delante de Dios.

Conocí a Cristo cuando tenía ocho años, pero luego me aparté de Su camino y caí en el alcoholismo. Bebía todos los días, tanto que un día Dios me dijo que eligiera entre Su reino o aquel en el que me estaba hundiendo; que ésa era mi última oportunidad de arrepentirme. Mi esposa era parte de la iglesia "El Rey Jesús" y, a medida que crecía, comenzó a buscar a Dios en diferentes áreas, a través de la oración de madrugada, discipulados y reuniones del tabernáculo. Un día ella me habló, tal como Dios lo había hecho, y me dio un ultimátum. ¡Mis hijas estaban sufriendo, y mi vida era un caos!

Recuerdo que cuanto más me hundía yo en el pecado, más se envolvía mi esposa en la visión de la iglesia y en la oración; hasta que un día, uno de mis compañeros de bebida murió, y yo sentí que había sido mi culpa. Cuando fui a la morgue a identificar su cuerpo, me quebré y le pedí a Dios que me ayudara. Por esos mismos días, Dios se me reveló a través de un sueño y me mostró que iba a acelerar mi vida espiritual y que yo lo serviría solo a Él. Una mañana, durante un retiro de liberación, Dios me transformó y nunca más volví a ser el mismo. Ese día prometí servirlo por el resto de mis días.

Muchas veces, el enemigo trata de ponernos personas que se dicen amigas, pero ahora reconozco que la verdadera amistad solo se encuentra en Jesucristo. Si usted le entrega su matrimonio, Él lo restaurará; si le da sus finanzas, Él las multiplicará. ¡Hoy puedo testificar que Dios transformó mi vida, restauró mi hogar y duplicó mis finanzas! Además, tengo mi propio taller de mecánica, y tal como antes oraron por mí, ahora yo me paro en justicia y oro por los hombres que están luchando con el alcoholismo, para que Dios sea glorificado al hacer en ellos la misma obra que hizo en mí.

Librado de 100 años en prisión

Jaime es un empresario que llegó a los pies de Cristo mientras estaba en la cárcel, gracias a una oración hecha en una Casa de Paz de nuestro ministerio. Su testimonio muestra el poder de la oración hecha desde una posición de justicia.

Yo era dueño de algunos apartamentos, además tenía otras propiedades y un negocio de automóviles. Un día mis socios planearon quedarse con mi negocio y para eso me plantaron treinta kilos (sesenta libras) de cocaína en una de mis propiedades. Fui acusado de ser jefe de narcotráfico. Mis abogados decían que no tenía salida. La justicia dijo que tenía todas las evidencias para condenarme de por vida.

Mi sentencia fue de cien años en prisión. Yo estaba desesperado; no sabía qué hacer ni a quién acudir. Todo indicaba que iba a pasar el resto de mis días encerrado por un crimen que no había cometido; pero Dios tenía otros planes. La persona que administraba mis propiedades me dijo que asistía a una Casa de Paz donde se le oraba a Dios y los milagros sucedían. Ella me prometió que iban a orar por mí. Estando en la cárcel, recibí a Jesús como Señor y Salvador de mi vida, y puse mi confianza en Él.

Dios usó esa Casa de Paz como un portal del cielo para devolverme la libertad. Después de estar treinta y tres días en prisión, ¡Dios fue mi justicia y la jueza me otorgó la libertad! Ni siquiera me cobraron fianza, y la pena fue reducida a un castigo mínimo para cumplir en libertad. Yo no conocía el poder de la oración, pero sabía que mi vida había cambiado de manera sobrenatural. Hoy puedo testificar que Dios restauró mi vida y me devolvió todo lo que el enemigo trató de robarme.

Ahora, en esa misma Casa de Paz, mi esposa y yo servimos a Dios con profundo agradecimiento por lo que Él hizo por mí.

6

ORANDO DE ACUERDO CON LA VOLUNTAD DE DIOS

"Y esta es la confianza que tenemos en él, que si pedimos alguna cosa conforme a su voluntad, él nos oye. Y si sabemos que él nos oye en cualquiera cosa que pidamos, sabemos que tenemos las peticiones que le hayamos hecho".
—1 Juan 5:14–15

Uno de los propósitos fundamentales de la oración es que la voluntad de Dios sea hecha en la tierra, como es en el cielo. Jesús era un Hombre de oración, y lo que caracterizó Su vida fue Su firme deseo de agradar a Su Padre y hacer Su voluntad. (Vea, por ejemplo, Mateo 6:9–10; 26:39, 42; Juan 4:34). Así que, cuando alguien ora para que Dios cumpla sus propios deseos, está demostrando no conocer a Dios.

He llegado a un punto en el que anhelo que Dios manifieste Su voluntad en todas mis oraciones, y por esa razón Él siempre me responde. El Señor no es variable o inconstante en Sus caminos; tampoco se parcializa al responder las oraciones de la gente. (Vea Romanos 2:10–11; Santiago 1:17). Él responde las oraciones de todos los que oran de acuerdo con Su voluntad. Debemos recordar que las reglas sobre cómo son contestadas las oraciones no las establece el que pide, sino quien tiene todos los recursos para responder cada oración conforme a Sus propósitos.

> **Las respuestas a nuestras oraciones dependen de su alineamiento a la voluntad de Dios.**

Como mencioné anteriormente, para que oremos del cielo a la tierra, tenemos que estar en unidad y armonía con el Padre. Según esto, el objetivo de la oración es que nuestro espíritu esté alineado con el Espíritu Santo de Dios, quien habita en nosotros, para que lo divino que hay en nosotros llame a lo divino del cielo. Como dice la Escritura, *"Un abismo llama a otro"* (Salmos 42:7). Debemos estar conscientes que siempre podemos recibir de Dios más de lo que hemos experimentado de Él hasta este momento. En el siglo primero, cuando el pueblo de Dios apenas comenzaba a constituirse como iglesia, la mayoría de sus oraciones estaban orientadas a conocer cuál era la voluntad de Dios, porque no tenían el Nuevo Testamento tal como hoy lo conocemos, con la más completa revelación de la voluntad de Dios para nosotros en Jesucristo. Ahora, nuestras oraciones deben buscar cumplir Su voluntad como nos es revelada por el Espíritu Santo a través de Su Palabra. Por ejemplo, la Escritura nos enseña que es la voluntad de Dios que todas las personas se arrepientan y se reconcilien con Él. Al respecto, el Apóstol Pedro escribió, *"El Señor no retarda su promesa, según algunos la tienen por tardanza, sino que es paciente para con nosotros, no queriendo que ninguno perezca, sino que todos procedan al arrepentimiento"* (2 Pedro 3:9).

La voluntad de Dios procede de la mente de Dios, cuyos pensamientos e instrucciones nos son dados a conocer en el ahora. ¡Por supuesto, la mente humana es demasiado pequeña para contener la revelación completa de la mente de Dios! Sin embargo, entre más íntima sea nuestra comunión con Él, más claramente entenderemos Sus planes y propósitos.

La ignorancia es una fortaleza espiritual

La ignorancia es una poderosa fortaleza mental que no permite que conozcamos la voluntad de Dios ni vivamos en ella. Por esa razón, el apóstol Pablo fue guiado por el Espíritu Santo a orar para que los colosenses que creían en Cristo fueran *"llenos del conocimiento de [la] voluntad [de Dios] en toda sabiduría e inteligencia espiritual"* (Colosenses 1:9). Cuando rendimos nuestra voluntad humana a Dios, Él nos revela Su voluntad, principalmente a través de Su Palabra y el ministerio del Espíritu Santo en nuestras vidas.

> La voluntad de Dios es un misterio que debe ser revelado en el ahora.

Cuando vivimos en ignorancia, no podemos clamar a Dios para que nos traiga rompimiento. No podemos reclamar Sus promesas más importantes si no las conocemos, o si no estamos seguros de que nos pertenecen. Por tanto, no conocer la voluntad de Dios puede ser altamente destructivo. (Vea, por ejemplo, Oseas 4:6). Si queremos que nuestras oraciones sean contestadas, debemos conocer la voluntad de Dios y luego asegurarnos de que nuestros deseos estén alineados a ella. Muchos creyentes se desaniman y se dan por vencidos cuando no ven que sus oraciones son respondidas, porque ignoran este principio.

La mayor fortaleza mental es la ignorancia.

¿Cuál es la voluntad de Dios?

Si queremos conocer la voluntad de Dios, primero debemos ver la obra terminada de Cristo en la cruz. Allí, Jesús pagó el precio de nuestros pecados, conforme al propósito del Padre de que la humanidad se reconciliase con Él. La obra redentora de Jesús está completa. Por eso, antes de morir, nuestro Señor declaró, "*¡Consumado es!*" (Juan 19:30). Esto quiere decir, "Todo se ha cumplido" o "Todo ha sido pagado". ¿Qué hizo Cristo por nosotros? Él aseguró nuestra salvación y nos hizo libres de toda condenación; Él pagó por nuestra sanidad, prosperidad y transformación. Su muerte en la cruz nos devolvió nuestra identidad como hijos de Dios y nos hizo coherederos juntamente con Cristo de todas Sus riquezas en gloria. Además, Él nos liberó de la maldición de la ley, nos limpió del pecado y nos vistió de Su justicia. Él hizo todo esto para que pudiéramos volver a tener íntima relación con nuestro Padre celestial.

Sabiendo esto, ya no podemos orar, "Señor, si es Tu voluntad…". ¡No! La voluntad del Padre ya ha sido decretada y tiene que ponerse en práctica. Debemos establecerla en nuestra vida, en nuestro llamado, en nuestro ministerio y en nuestro trabajo. Quiere decir que, por ejemplo, si sabemos que Jesús llevó todas nuestras enfermedades, no tenemos que ir a pedirle a Dios, "Señor, si es Tu voluntad, sáname". Podemos declarar lo que Él ya ha decretado en Su Palabra: "¡Jesús llevó nuestras enfermedades!" y "¡Por Sus llagas hemos sido sanados!". (Vea, por ejemplo, Isaías 53:4–5).

La fe que viene de Dios no es para creer lo que se nos antoje, sino solamente aquello que en verdad está alineado a la voluntad del Padre. Por eso, cuando oramos, nuestra primera pregunta debe ser, "¿Es esta la voluntad de Dios, de acuerdo con Su Palabra?" ¿Es la voluntad de Dios que seamos sanos, libres y prósperos? ¿Es la voluntad de Dios que un hombre y una mujer formen una familia? Nosotros podemos responder sí a todas estas preguntas porque están de acuerdo con lo que la Biblia nos expresa. Ahora, está claro que usted no puede hacer algo fuera de la voluntad de Dios y esperar que Él lo bendiga. Si quiere ver a Dios trabajando en su vida, debe conocer y establecer Su voluntad, porque esa es la única forma como recibirá Sus bendiciones. Jesús dijo, *"Hasta ahora nada habéis pedido en mi nombre; pedid, y recibiréis, para que vuestro gozo sea cumplido"* (Juan 16:24).

> La voluntad de Dios no es dejar oraciones sin contestar. Él siempre está listo para respondernos.

La aceleración de la oración en los últimos tiempos

Sin embargo, sabemos que ciertas oraciones no han sido contestadas, incluyendo la propia oración que Jesús hizo la noche en que fue entregado, que todos los creyentes seamos uno, como Él y el Padre son uno. (Vea, por ejemplo, Juan 17:11–26). ¿Por qué estas oraciones no han sido respondidas? La Biblia nos enseña que, en el cielo, hay *"copas de oro llenas de incienso, que son las oraciones de los santos* [los creyentes]" (Apocalipsis 5:8). Esas copas aún no han sido "derramadas" sobre la tierra como manifestación visible o tangible de las respuestas. Los *"santos"* que menciona el libro de Apocalipsis, están tanto en la tierra como en el cielo. Esas *"copas"* contienen las oraciones de los apóstoles, profetas y pastores, junto con las oraciones de multitud de creyentes, a lo largo de los siglos, incluyendo sus propias oraciones. También contienen las oraciones de Jesús, quien continúa orando por la unidad de los creyentes. Según mi punto de vista, el libro de Apocalipsis nos está diciendo que, a medida que la iglesia entra en el ciclo de oración de los últimos tiempos, de "velar y orar", habrá una aceleración en los asuntos espirituales, de modo que todas las oraciones serán respondidas, porque Dios no dejará ninguna oración sin respuesta.

El derramar de las copas de incienso, que son las oraciones de los santos, es un evento de los últimos tiempos.

Un ángel ha sido enviado a la tierra para acelerar el cumplimiento de todas las oraciones, antes de la segunda venida de Jesús. Sin embargo, debemos estar alineados con los propósitos de Dios para participar del cumplimiento de las oraciones en el último tiempo. Por eso, parte del modelo de oración que Jesús les enseñó a Sus discípulos dice, "*Venga tu reino. Hágase tu voluntad, como en el cielo, así también en la tierra*" (Mateo 6:10). Vivimos tiempos en que la demora terminó, en que lo profetizado se cumplirá, y en que las oraciones serán contestadas. "*Diles, por tanto: Así ha dicho Jehová el Señor: No se tardará más ninguna de mis palabras, sino que la palabra que yo hable se cumplirá, dice Jehová el Señor*" (Ezequiel 12:28).

Cuando la oración de Jesús por la unidad entre los creyentes se cumpla, todas las oraciones hechas de acuerdo con la voluntad de Dios se habrán consumado.

Cuatro principios para recibir respuestas inmediatas a su oración

¿Cómo podemos alinearnos con los propósitos de Dios y recibir respuestas inmediatas y aceleradas a nuestras oraciones? Necesitamos conocer y actuar según la revelación contenida en estos cuatro principios de la voluntad de Dios, los cuales nos permitirán vencer todo estancamiento espiritual:

1. Conocer la voluntad de Dios.

2. Estar y permanecer en la voluntad de Dios.

3. Hacer la voluntad de Dios.

4. Hablar de acuerdo con la voluntad de Dios.

A continuación exploraremos estas cuatro verdades, para que usted pueda aplicarlas a su vida y recibir una respuesta a cada oración que ha hecho de acuerdo con la voluntad del Padre. Mi mayor deseo es que usted pueda conocer a Dios, renovar su mente y caminar en Su voluntad.

1. Conocer la voluntad de Dios

Cuanto más precisos seamos en nuestras oraciones, más rápido vendrán las respuestas. La precisión siempre estará subordinada a nuestro conocimiento de la voluntad de Dios. Por ejemplo, si nuestras oraciones son provocadas por la naturaleza carnal, Dios no las responderá; en cambio, si nuestras oraciones son guiadas por el Espíritu, más cerca estaremos de obtener respuesta. Dios no complace caprichos; tampoco nos dará cosas que pueden dañarnos. Su voluntad para nosotros es de bien y no de mal, aunque no siempre nos demos cuenta o lo reconozcamos. (Vea Jeremías 29:11). Dios nos dará aquello que está de acuerdo con el propósito que Él tiene para nuestra vida, y eso nos traerá mayores bendiciones.

Y esta es la confianza que tenemos en él, que si pedimos alguna cosa conforme a su voluntad, él nos oye. Y si sabemos que él nos oye en cualquiera cosa que pidamos, sabemos que tenemos las peticiones que le hayamos hecho. (1 Juan 5:14–15)

Así que, si Dios oye todo lo que le pedimos *"conforme a Su voluntad"* entonces la clave para hacer una oración precisa y obtener una respuesta inmediata es conocer Su voluntad. En otros términos, la fe es "ahora", pero quien no conoce la voluntad de Dios, normalmente pondrá su fe en el futuro y no en el presente, dando como resultado que la respuesta a sus oraciones se retrase.

> La fe comienza donde la voluntad de Dios no se conoce.

Jesús conocía claramente la voluntad del Padre. Sin embargo, por un instante en Getsemaní, tuvo que luchar antes de rendir Su voluntad al Padre, porque sabía lo que tendría que pasar al sacrificar Su vida por nosotros. Sin embargo, de inmediato rindió Su voluntad: *"Padre, si quieres, pasa de mí esta copa; pero no se haga mi voluntad, sino la tuya"* (Lucas 22:42). En el momento en que se rindió, vino la ayuda del cielo; se le apareció un ángel y le dio fuerzas. (Vea el verso 43). A muchos creyentes se les hace difícil rendir su voluntad a Dios. Si éste es su caso, sepa que en el momento que usted rinda su voluntad individual, la ayuda vendrá. No tema. ¡Abandónese a la voluntad del Padre!

La voluntad de Dios no es algo que se pueda conocer de manera natural. No hay método científico para comprenderla. Tampoco la mente humana puede entenderla instintivamente. Es algo que el Espíritu Santo nos revela cuando mantenemos una relación con Él. Para que podamos conocer la voluntad de Dios, primero es necesario conocerlo como Persona. Para eso, debemos caminar con Él diariamente, dedicando tiempo para la intimidad por medio de la oración, así como para leer y estudiar Su Palabra.

> Quien no conozca la voluntad de Dios fácilmente dudará de Él.

Cuando alguien conoce al Señor, sabe qué le agrada y qué le desagrada. Entiende lo que le produce gozo y lo que le contrista. Está inmerso en Su amor, y aprende a amarlo en respuesta. En medio de esa relación, la mente del creyente es transformada, y comienza a conocer la voluntad de Dios.

Así que, hermanos, os ruego por las misericordias de Dios, que presentéis vuestros cuerpos en sacrificio vivo, santo, agradable a Dios, que es vuestro culto racional. No os conforméis a este siglo, sino transformaos por medio de la renovación de vuestro entendimiento, para que comprobéis cuál sea la buena voluntad de Dios, agradable y perfecta. (Romanos 12:1–2)

La renovación de la mente es una señal de actividad espiritual y de relación con Dios. Nuestro conocimiento de la voluntad de Dios progresa en la misma medida que avanza la renovación de nuestra mente.

Mientras nuestra mente no haya sido transformada y renovada, jamás podremos conocer la voluntad de Dios. El conocimiento de Su voluntad progresa en la misma medida que avanza la renovación de nuestra mente. Así que, de nuevo, para conocer la voluntad de Dios, tenemos que haber experimentado la renovación de nuestra mente.

2. Estar y permanecer en la voluntad de Dios

Conocer la voluntad de Dios es una cosa, pero permanecer firmes en ella es otra. Jesús dijo, *"Si permanecéis en mí, y mis palabras permanecen en vosotros, pedid todo lo que queréis, y os será hecho"* (Juan 15:7). Permanecer en el Señor es caminar en Su voluntad. Para esto, es necesario abandonarnos por completo a Él, permitiéndole trabajar en toda

Su plenitud. Cuando llegamos a ese punto, ya no insistimos en poner nuestra voluntad por encima de la de Él; más bien, nos rendimos libremente a Sus propósitos y deseos.

Al morir a nosotros mismos, nos hacemos uno con Dios. Es por eso que el apóstol Pablo declaró:

> *Con Cristo estoy juntamente crucificado, y ya no vivo yo, mas vive Cristo en mí; y lo que ahora vivo en la carne, lo vivo en la fe del Hijo de Dios, el cual me amó y se entregó a sí mismo por mí. No desecho la gracia de Dios; pues si por la ley fuese la justicia, entonces por demás murió Cristo.* (Gálatas 2:20–21)

El fluir de lo sobrenatural comienza cuando conocemos la voluntad de Dios y permanecemos en ella.

Por lo tanto, para conocer la voluntad de Dios debemos rendirnos por completo a Él, así como Cristo se entregó completamente al Padre. Una de las claves del éxito en la vida de Jesús fue permanecer continuamente en la voluntad de Dios. Su obediencia fue una parte natural de Su vida, porque Él siempre fue uno con el Padre. Como Hijo de Dios, Él sabía que nadie puede moverse en lo sobrenatural sin ser uno con el Padre; también sabía que no puede haber manifestaciones de poder separadas de la voluntad de Dios. Además, cuanto más conocemos a Dios, más nos conocemos a nosotros mismos. Si conocemos nuestra identidad en Él, como Jesús conoció la suya, y si permanecemos en Su voluntad, como Jesús lo hizo, entonces recibiremos poder y autoridad para actuar en Su nombre.

Sabemos que Jesús vino a restaurar la unidad entre Dios y el hombre, para que podamos tener intimidad con el Padre y nuevamente hacernos uno con Él. Ser uno con Dios viene como resultado de estar alineados a Su voluntad. Ser uno con Dios significa que, cuando hablamos, nos ponemos de acuerdo con el Padre para hacer Su voluntad en la tierra.

¿Conoce usted la voluntad de Dios para su vida? ¿Conoce la voluntad para su ministerio o su carrera? ¿Sabe quién es usted en Dios, y lo que debe hacer en Su nombre? El misterio es que, al unirnos a Él, somos empoderados. Hay poder en la comunión y relación con el Dios del cielo, pues es en el compañerismo que Él comparte Su imagen y gloria con nosotros. Allí, podemos ver Su rostro y vernos a nosotros mismos en Él, como en un espejo. Allí venimos a conocerlo y a entender Su voluntad eterna.

> Cuando permanecemos en la voluntad de Dios, somos empoderados.

3. Hacer la voluntad de Dios

"Pero sed hacedores de la palabra, y no tan solamente oidores, engañándoos a vosotros mismos" (Santiago 1:22). Quiere decir que no basta con conocer la voluntad de Dios; es necesario *hacerla*. Si no actuamos o caminamos en ella, nos volvemos simples "religiosos" y nuestra fe se apaga, independientemente de cuánto conocimiento tengamos. Cuando hacemos Su voluntad, nos sincronizamos con el ritmo de la fe. *"Así que la fe es por el oír, y el oír, por la palabra de Dios"* (Romanos 10:17); sin embargo, la manifestación de nuestra fe la vemos cuando actuamos de acuerdo con lo que hemos escuchado de Dios. No hacer la voluntad de Dios equivale a nunca haberlo escuchado. Cuando alguien no actúa de acuerdo con el conocimiento espiritual que ha recibido o aprendido, el diablo viene y lo hace dudar, y el ritmo de la fe se pierde. (Vea, por ejemplo, Mateo 13:19).

> La mayor motivación de Jesús fue hacer la voluntad de Su Padre.

Jesús perseveró haciendo la voluntad del Padre; de hecho, la voluntad del Padre era Su alimento diario, como Él mismo dijo: *"Mi comida es que haga la voluntad del que me envió, y que acabe su obra"* (Juan 4:34). Muchas veces el enemigo intentó matar al Hijo de Dios, pero no pudo. Debemos recordar que Jesús murió en la cruz solo bajo instrucciones del Padre, y solo en la plenitud del tiempo. Jesús entregó su propia vida a los propósitos del Padre, de salvar al mundo a través de Él. (Vea Juan 10:17–18). Permanecer en la voluntad del Padre equivale, por lo tanto, a estar rodeado por el mejor escudo de protección que uno pueda imaginar. Por eso, Jesús siempre tuvo paz, incluso en medio de la persecución.

> No permanecemos en la voluntad de Dios por accidente, sino por obediencia intencional a la revelación de Sus propósitos.

4. Hablar de acuerdo con la voluntad de Dios

El cuarto principio fundamental para que nuestras oraciones sean contestadas es que debemos hablar la voluntad de Dios. Esto se refiere a declarar y decretar Su voluntad, lo que equivale a dar órdenes espirituales. Si conocemos a Dios, Su voluntad nos es revelada, y si permanecemos en Su voluntad y la hacemos, cuando hablamos, Su respuesta es inmediata.

Muchas veces se me acercan personas enfermas, y lo único que hago para traer su sanidad es declarar que son sanas en el nombre de Jesús. ¡Y Dios obra en ellos al instante! Esto ocurre porque he pasado tiempo en la presencia de Dios, y Su voluntad de sanar a las personas me ha sido revelada. En todo tiempo procuro conocer, permanecer y hacer la voluntad del Padre, para que cuando declare algo, Su poder sobrenatural pueda fluir sin obstáculos. Eso lo aprendí de Jesús, porque cuando Él hacía milagros, Él no oraba pidiéndole a Dios que sanara a los enfermos; sino que declaraba, "¡Sé sano!" o "¡Levántate y anda!" Cuando vivimos en unidad con la voluntad de Dios, todo lo que declaramos es como si Dios mismo lo estuviera hablando, porque decretamos en Su lugar, en Su autoridad y desde Su identidad.

> Cuando estamos alineados con la voluntad de Dios, no hablamos para que algo suceda, sino porque sabemos que ya ha ocurrido en el ámbito espiritual.

Consecuentemente, si su vida está alineada con estos cuatro principios de la voluntad de Dios, usted está sincronizado con lo sobrenatural y tiene acceso al poder y autoridad de Dios. Ahora tiene el mismo poder que Jesús tenía cuando estaba en la tierra, y puede actuar en Su nombre. Jesús dijo, *"No puedo yo hacer nada por mí mismo; según oigo, así juzgo; y mi juicio es justo, porque no busco mi voluntad, sino la voluntad del que me envió, la del Padre"* (Juan 5:30). Conocer la voluntad del Padre fue el secreto de Su éxito cada vez que tuvo que demostrar el poder de Dios.

Jesús es el único camino al Padre (vea Juan 14:6), y es nuestro modelo a seguir. Si Jesús conocía la voluntad de Dios, usted también debe conocerla. Si Jesús estaba en la voluntad de Dios, usted también debe estar en Su voluntad. Si las acciones de Jesús eran dirigidas por la voluntad de Dios, sus acciones también deben ser guiadas por esa voluntad. Si Jesús habló de acuerdo con la voluntad de Dios, usted debe hacer lo mismo. Entonces, no tendrá obstáculos para recibir respuestas a sus oraciones. Habrá un completo fluir de lo sobrenatural que traerá el cumplimiento de la voluntad del Padre en cada situación.

Déjeme preguntarle otra vez: ¿Sabe cuál es la voluntad de Dios para su vida, su matrimonio o sus finanzas? ¿Está usted en la voluntad de Dios? ¿Está haciendo la voluntad de Dios? ¿Está orando desde la voluntad de Dios? Quien está alineado a la voluntad de Dios ora y recibe respuestas de parte de Dios. ¡Hoy es el día en que su vida de oración va a una nueva dimensión, se acelera y se mueve *"de fe en fe"* (Romanos 1:17) y de respuesta en respuesta! Ya no acepte más retrasos. La aceleración puede llegar porque usted está declarando la voluntad eterna de Dios, la cual trasciende el paso del tiempo. Si todavía tiene oraciones no contestadas, es porque no ha aplicado alguno de esos cuatro principios, o porque no está totalmente alineado a la voluntad de Dios en uno o más de ellos.

> Estar alineados con los cuatro principios de la voluntad de Dios para recibir respuestas a nuestras oraciones removerá el estancamiento, las barreras y fortalezas, y traerá aceleración.

El ritmo de lo sobrenatural

Usted entra en el ritmo de lo sobrenatural cuando se alinea a la obra de Dios en el ahora, a lo que Dios está haciendo hoy. Es entonces cuando viene la aceleración. Hay oraciones que permanecen estancadas porque no están alineadas al cielo. ¡Alinee su vida a la voluntad de Dios! Hay barreras que están impidiendo que su respuesta llegue, ¡pero ahora se están rompiendo, en el nombre de Jesús! ¡El ritmo de lo sobrenatural se desata ahora! Es el mismo ritmo en el cual Jesús operaba como Hombre, viviendo conforme a los cuatro principios de la voluntad de Dios. Una vez más, cuando Él se paró frente a la tumba de Lázaro, a punto de declarar la palabra de resurrección, *"alzando los ojos a lo alto, dijo: Padre, gracias te doy por haberme oído. Yo sabía que siempre me oyes; pero lo dije por causa de la multitud que está alrededor, para que crean que tú me has enviado"* (Juan 11:41–42).

Amado lector, hoy quiero desafiarlo a que comience a hacer declaraciones de acuerdo con la voluntad de Dios. Declare y decrete su sanidad, su liberación, y su transformación. Insisto, no ore, "Padre, si es Tu voluntad…", porque Jesús ya estableció Su voluntad para usted. Está hecha; ya fue terminada. ¡Ahora es tiempo de rompimiento!

Cuando usted está alineado a la voluntad de Dios, la fe es ahora.

Activación

Es necesario examinar nuestros corazones para comprobar si en verdad estamos alineados a la voluntad de Dios. Si no hablamos y actuamos conforme a Su perfecta voluntad, estamos en pecado de desobediencia; por lo tanto, debemos arrepentirnos y alinearnos a Sus propósitos y anhelos. En el momento que nos arrepentimos, nos ponemos en armonía con el cielo, y viene la aceleración en cada área de nuestra vida.

Si realmente quiere ponerse de acuerdo con la voluntad de Dios, lo invito a hacer la siguiente oración:

Amado Padre celestial, vengo delante de Tu presencia, afirmándote como el Dios Todopoderoso, Señor del universo y Señor de mi vida. Tú eres Dios y fuera de Ti no hay verdadera vida. Sé que escuchas mi oración, porque estoy en Tu presencia y el Espíritu Santo guía mi intercesión. Me arrepiento y te pido perdón por haber ignorado Tu voluntad en mis oraciones. A partir de hoy, me comprometo a conocer Tu voluntad, a estar y permanecer en Tu voluntad, y hacer y declarar Tu voluntad.

Oro del cielo a la tierra, que es la posición que Cristo ganó para nosotros por medio de Su obra en la cruz. Mi fe es ahora, y todo lo que Tú has hablado en el cielo, yo lo hablo en la tierra, declarando que Tus promesas y poderosas obras vienen a la existencia en mi vida, en mi familia, en mi ministerio, en mi nación, en Tu iglesia y en todos Tus hijos. Hablo Tu voluntad para que Tu reino venga a la tierra, como es en el cielo. ¡Declaro que hay sanidad para el enfermo! ¡Declaro que hay prosperidad para el pobre! ¡Declaro que hay protección y refugio para la viuda y el huérfano! ¡Declaro que hay gracia sobrenatural para que Tus hijos alcancen Tus promesas, extiendan Tu reino y prediquen Tu evangelio por toda la tierra! Te doy gracias por la revelación de los cuatro principios que hacen que nuestras oraciones sean contestadas, de acuerdo con Tu perfecta voluntad. Te doy gracias por el rompimiento que traes a mi vida con esta revelación. Oro todo esto en el nombre que es sobre todo nombre, en el nombre de Jesús. ¡Amén!

Testimonios de oraciones de rompimiento

Prosperado Sobrenaturalmente

El siguiente testimonio de Wilmer demuestra lo que es orar de acuerdo con la voluntad de Dios:

Gracias a Dios, el Ministerio El Rey Jesús me ha enseñado un patrón que me ha llevado al éxito. El año pasado, me reuní con mi familia para orar y planear la cantidad que daríamos como nuestra ofrenda de primicia o primeros frutos para Dios este año. Yo quería dar una ofrenda inusual, más de lo que normalmente damos, esperando un rompimiento inusual, pero quería que fuera de acuerdo con la voluntad de Dios. Así que, dimos nuestras primicias, pero después de unos pocos meses, nada inusual sucedía. Pasaron enero, febrero, marzo y abril, pero nada sucedía. Llegó el mes de agosto y yo ya estaba frustrado; así que comencé a reclamar mi rompimiento. Entonces, me di cuenta de que le estaba fallando a Dios, mi fe se había debilitado y había dejado de orar; había descuidado mi tiempo íntimo con Él. Inmediatamente empecé a orar. Unos minutos después, un hombre me llamó y me ofreció un trabajo. Yo me apropié de eso, lo tomé como la respuesta de Dios y se lo presenté al Señor, creyendo que ese proyecto sí se me iba a dar. Fui al lugar y salí de allí con un contrato de ¡$110,000 dólares!

Pero ése no es el testimonio. Dos semanas más tarde, después que pasó el huracán Irma por Miami, fui a ponerle gasolina a mi carro; pero como todas las estaciones cercanas estaban llenas, recorrí las calles buscando otra gasolinera, hasta que encontré una vacía. Una vez ahí, sentí que el Espíritu Santo me guiaba a hablar específicamente con un hombre. Me acerqué a él y le hablé de Cristo; seguimos conversando y me dijo que era el dueño de esa estación de servicio y que estaba buscando alguien para reparar las luces. Yo le dije que ése era mi trabajo, y allí mismo firmamos un contrato. Lo que yo no sabía era que ese hombre era dueño de doscientas estaciones de gasolina, y el contrato total fue por $1,200,000 dólares!

Sanada de osteoporosis terminal

Recientemente viajé a Etiopía, África, por segunda vez, enviado por Dios para realizar un Encuentro Sobrenatural, llevar el mensaje del evangelio del reino y manifestar Su poder. Entre los numerosos testimonios que escuchamos, me gustaría compartir el siguiente:

Mi nombre es Tigist y soy de Addis Ababa, Etiopía. Durante tres años tuve una forma severa de osteoporosis. Estaba perdiendo masa ósea y movilidad rápidamente. Los médicos me habían desahuciado y enviado a mi casa, sin esperanza de mejorar. Confinada a una cama, no podía orinar sentada, no podía comer sola; ni siquiera podía sentarme o dormir normalmente. Mis dos hijos cuidaban de mí, pero mientras ellos estaban en la escuela, yo me quedaba sola en casa, y solía esperar en posición fetal hasta que ellos llegaran a casa a ayudarme. Yo lloraba ante Dios y le rogaba que tuviera misericordia de mí. Lloraba tanto que mis ojos siempre estaban irritados. ¡Mi única esperanza era Dios!

Un día, unas personas me invitaron a una conferencia donde decían que el poder sobrenatural de Dios se movería para sanar a los enfermos. Llegado el día, me pusieron sobre una frazada y me llevaron hasta allá en un taxi. Llegué al lugar con cinco huesos de mi espalda quebrados; me resultaba imposible caminar. El apóstol Maldonado estaba predicando sobre el poder de la cruz, diciendo que la sanidad nos pertenece a todos los hijos de Dios, que Su voluntad es sanarnos. Entonces, comenzó a declarar que, de acuerdo con la voluntad de Dios, aquellos que estaban paralizados serían sanados, en el nombre de Jesús; solo tenían que levantarse y caminar. En ese instante, sentí un fuerte calor en mi espalda y comencé a moverme. Segundos después, estaba de pie. ¡Me había puesto de pie yo sola! Después comencé a caminar; tiré el bastón que usaba para apoyarme, ¡y pude caminar sin limitación alguna! ¡Todos estaban asombrados! Cuando regresé a casa, también todos me miraban asombrados; no podían entender lo que había sucedido. Mis hijos y vecinos estaban felices de verme sana otra vez.

A partir de ese momento, comencé a contarle a todo el mundo que Jesús me había sanado, y que Su voluntad es sanar a todos, porque para eso pagó el precio en la cruz. No me avergüenzo de este mensaje, y no me importa si las personas me rechazan o no quieren oírme. Yo sé lo que Jesús hizo en mi cuerpo. Él hizo lo que nadie más había podido hacer. ¡Para Dios, nada es imposible! ¡Él me dio una nueva vida!

Libre de profunda depresión

Mi nombre es Gabriela, y puedo decir que antes de llegar a los pies de Cristo yo no tenía vida. Respiraba, pero espiritualmente estaba muerta. No era la madre que mis hijos necesitaban; básicamente estaban solos. Mi esposo me había dejado, y eso fue un detonante para que la depresión tomara mis emociones por completo. Finalmente fui hospitalizada en una clínica psiquiátrica donde los médicos dijeron que nunca me recuperaría. Me dieron de alta en la clínica, pero me sentía estancada. La depresión era tan profunda que vivía solo para trabajar. Aunque era farmacéutica, mis finanzas iban de mal en peor. Gastaba mucho dinero comprando ilegalmente pastillas, ya que las treinta que me recetaban para el mes, las consumía en dos días.

Busqué ayuda en muchos lugares, pero no pude encontrarla. Una noche, traté de suicidarme tomando pastillas, pero no pude; y fue hospitalizada por sobredosis. En ese punto, ya no le veía salida a mi vida. Prefería que mis hijos se fueran a vivir con sus abuelos porque yo no tenía nada que ofrecerles. Su vida a mi lado era un desastre.

Un día me desperté en otro hospital, donde al comienzo no me dejaban salir, pero cuando fingí estar mejor me dieron de alta. Aun así, mis problemas continuaban, y mis cuatro hijos y yo seguimos viviendo en una habitación rentada. No podía ejercer mi profesión ni avanzar en nada. Un día me dije a mí misma, *Necesito un cambio; voy a ir a esa iglesia, El Rey Jesús, donde dicen que ocurren milagros.*

Tan pronto como llegué a la iglesia me tiré ante el altar y le dije a Dios, "Si Tú eres el Señor del que aquí hablan, sé que Tú lo vas a hacer". Me fui de la iglesia a las tres de la tarde, y dormí desde que llegué a mi casa hasta el otro día a las 8 de la mañana, sin tomar pastilla alguna. A partir de ese día me sentí diferente. Todavía no lo sabía, pero ese domingo me había ido a casa con mi milagro. Cuando volví al siguiente servicio, me arrodillé en el mismo lugar y dije: "Señor, gracias por salvar mi vida. A partir de hoy, mis hijos y yo te vamos a servir con todo nuestro corazón".

Desde que empecé a ir a la iglesia, mi vida cambió completamente. Pude volver a ejercer mi profesión; de hecho, tengo un trabajo estable desde hace siete meses. Pasé de no tener casa ni automóvil, a tener ambas cosas; cada uno de mis hijos tiene su propio dormitorio y viven como todo niño debe vivir. Lo mejor de todo es que los cinco estamos comprometidos con Dios. Ganamos almas para Cristo con el testimonio de todo lo que pasamos. Viví una temporada muy mala, pero mis hijos la pasaron peor. Estoy agradecida porque, antes yo no creía que merecía el gozo de Cristo; ni siquiera sabía lo que era el gozo. Ahora sé que Su voluntad es que seamos felices. Sé de dónde me rescató Cristo. Él me sacó del lugar más oscuro y profundo que una persona puede llegar a caer. ¡Gracias Señor!

7

ORANDO CON LA PALABRA DE DIOS

"Yo apresuro mi palabra para ponerla por obra".
—Jeremías 1:12

En el libro de Génesis, leemos que la serpiente (Satanás), la más astuta entre todos los animales del campo, fue al jardín del Edén a sembrar dudas sobre Dios en las mentes de Adán y Eva, y a tentarlos a desobedecerlo. Con ese plan se acercó a la mujer y le dijo, *"¿Conque Dios os ha dicho…?"* (Génesis 3:1). Eva conocía las instrucciones que Dios le había dado al hombre (vea Génesis 2:16–17), pero ella no le respondió a la serpiente conforme a esas instrucciones. Así fue como la maldición entró al mundo, y Adán y Eva perdieron su comunión con el Padre. Miles de años más tarde, Satanás quiso usar la misma táctica con Jesús, pero cuando fue a tentar al Hijo de Dios en el desierto, Jesús *"respondió y dijo: Escrito está: No sólo de pan vivirá el hombre, sino de toda palabra que sale de la boca de Dios"* (Mateo 4:4). Con esta respuesta, el plan de Dios para la redención de la humanidad empezó a desarrollarse.

En este tiempo, Dios requiere que Su pueblo vuelva a Su Palabra. Solo Su Palabra justifica y respalda las peticiones y declaraciones que hacemos en oración ante Su trono. Jesús les enseñó a Sus discípulos, *"Y todo lo que pidiereis al Padre en mi nombre, lo haré, para que el Padre sea glorificado en el Hijo"* (Juan 14:13). En el original griego, el término que aquí se traduce como "pedir" significa, entre otras cosas, requerir, desear o demandar algo. Quiere decir que cuando vamos ante Dios respaldados por Su Palabra, podemos reclamar, o poner "demanda" sobre lo que Él ha dicho. Tenemos que entender que cuando hacemos esto, ¡no le estamos dando órdenes a Dios! Al contrario, es una declaración de fe, sabiendo que lo que Él promete en Su Palabra se cumple en el ahora.

Quiere decir que usted debe estar dispuesto a decir, por ejemplo, "Señor, Tu Palabra dice que por Tus llagas fui sanado, así que demando mi sanidad" o "Señor, dice Tu Palabra que Tú suplirás todas mis necesidades conforme a Tus riquezas en gloria en Cristo Jesús, así que demando Tu provisión para mi vida". (Vea Isaías 53:5; 1 Pedro 2:24; Filipenses 4:19). Cuando usted ora de esta manera, hace a Dios responsable de su petición. El profeta Oseas dijo, *"Llevad con vosotros palabras de súplica, y volved a Jehová, y decidle: Quita toda iniquidad, y acepta el bien, y te ofreceremos la ofrenda de nuestros labios"* (Oseas 14:2). En suma, si usted mantiene una relación íntima con Dios, si está parado en una posición de justicia y camina en Su voluntad, si usted comienza sus oraciones afirmando la grandeza del Señor, y si su petición está alineada a Su Palabra, entonces Él honrará y cumplirá sus peticiones.

Cuando la Palabra de Dios es la sustancia de nuestras oraciones, y nuestra relación con Él está bien, Dios está comprometido a darnos una respuesta.

Oraciones "almáticas" vs. oraciones conforme a la Palabra

Orar desde el alma, o desde el centro de nuestros deseos y emociones, no es lo mismo que orar conforme a la Palabra. Lo primero es conocido como una oración "almática". Nuestras almas no siempre están alineadas al propósito de Dios, así que cuando la gente ora de esa manera, a menudo le piden a Dios cosas que Él no ha prometido darles, o declaran cosas que no están en Su Palabra. Esas oraciones generalmente están basadas en la autocompasión, e intentan controlar o manipular una situación. Además, son subjetivas porque, dependiendo de la emoción del momento, alguien puede pedir cualquier cosa, aunque lo que pida no tenga firmeza ni estabilidad, mucho menos un fundamento divino o propósito de reino. Por supuesto, esas oraciones no pueden garantizar un milagro. La peor parte es que las oraciones que proceden meramente de nuestras emociones —aquellas que, en efecto, tratan de manipular a Dios para que nos dé algo— se originan en el espíritu de brujería, porque en la brujería, alguien busca controlar personas y situaciones para su propio beneficio.

¿Qué deberíamos hacer para orar correctamente? Debemos dejar de orar desde el centro de nuestras emociones y empezar a orar de acuerdo con el fundamento sólido de la Palabra de Dios. Tengamos en cuenta que nuestras emociones cambian dependiendo de las circunstancias temporales en nuestras vidas, pero la Palabra de Dios es constante; no cambia ni se contradice a sí misma. Cuando vamos a Dios en oración, debemos declarar, "Señor, Tu Palabra dice _____, y esto es lo que necesito que ocurra en mi vida".

Toda oración que hacemos basada en la Palabra debe establecer y confirmar la victoria de la cruz.

Nuestro conocimiento de la Palabra

La mayoría de los cristianos empiezan su caminar con Cristo siendo discipulados por mentores, padres y madres espirituales, u otros que les han precedido en la fe; y mientras estos nuevos creyentes crecen espiritualmente, dependen de las oraciones de otros. Eso está bien, porque es lo que Cristo y los apóstoles nos enseñaron a hacer en el proceso de discipulado. Pero también nos han instruido a madurar en nuestra fe. Eso significa que debemos aprender a orar por nosotros mismos, para no depender de las oraciones de otros para nuestro crecimiento y constancia en la fe. Por supuesto, todos nos hemos beneficiado de las oraciones de otros. Sin embargo, debemos aprender por nuestra cuenta, qué orar y cómo orar.

Mientras Jesús estuvo en la tierra, Él dependió de Su propia vida de oración, de Su conocimiento de la Palabra de Dios, y de la revelación del Espíritu Santo. Esta es la voluntad del Padre para todos Sus hijos, y la meta de todo cristiano debe ser hacer lo mismo. Dios está pidiéndonos que volvamos a Él ofreciéndole oraciones basadas en Su propia Palabra, y está probando a la iglesia para ver cuán fuerte y continua es nuestra vida de oración.

El conocimiento siempre será una "moneda" poderosa o un "bien de intercambio", que aumentará nuestra capacidad de influenciar en nuestras propias circunstancias y en el mundo que nos rodea, a medida que aumenta nuestro conocimiento de la Palabra de Dios. Nunca podremos ir por encima de este conocimiento; por eso, continuamente debemos conocer más de Dios y de Su Palabra, a fin de ser establecidos en la verdad. *"Por esto, yo no dejaré de recordaros siempre estas cosas, aunque vosotros las sepáis, y estéis confirmados en la verdad presente"* (2 Pedro 1:12).

Conocer la Palabra incrementa nuestro tesoro espiritual y la capacidad de influenciar el mundo, mientras caminamos en lo sobrenatural.

Cualidades de la Palabra

A medida que oramos con la Palabra de Dios, debemos reconocer y aplicar estas cualidades conectadas con ella:

La Palabra de Dios es Su voluntad

La Palabra de Dios es la expresión directa de Su voluntad, y nada ni nadie puede cambiarla. Ni la enfermedad, ni la pobreza, ni ninguna circunstancia adversa puede alterar esa verdad. Si quiere conocer la voluntad de Dios, el lugar más apropiado para empezar es Su Palabra. Uno de los principales motivos por los que el Espíritu Santo inspiró la redacción de los libros que conforman la Biblia, es para darnos a conocer a Dios, y comunicarnos Su mente y voluntad para nosotros.

> Cuando oramos con la Palabra, estamos orando la voluntad de Dios.

La Palabra de Dios permanece

"Mas la palabra del Señor permanece para siempre. Y esta es la palabra que por el evangelio os ha sido anunciada" (1 Pedro 1:25). La palabra *"permanece"* indica que hay algo que existe continuamente, que nunca deja de ser. Cuando vamos ante Dios, debemos permanecer en Él y aferrarnos a lo que dice Su Palabra eterna, aún en medio de la peor situación que podamos estar atravesando.

La Palabra de Dios supera el tiempo, espacio y materia

La Palabra de Dios siempre es enviada en respuesta a cualquier necesidad, sin importar el lugar o la distancia a la que puedan estar quienes necesitan ayuda. Cuando declaramos la Palabra, aunque las personas en necesidad estén en otra ciudad o país, la Palabra se manifestará en ese lugar, porque no se mueve conforme a las leyes del tiempo, espacio y materia, sino en el ahora y en lo eterno. *"Así será mi palabra que sale de mi boca; no volverá a mí vacía, sino que hará lo que yo quiero, y será prosperada en aquello para que la envié"* (Isaías 55:11).

No hay poder terrenal o demoniaco que le pueda decir no a la Palabra de Dios. No hay muro que la pueda detener, ni distancia que la pueda demorar. De nuevo, no hay enfermedad, dolencia, depresión o pobreza que pueda impedir su cumplimiento. ¡Nada la detiene! Cuando declaramos la Palabra de Dios, toda persona enferma se sana, toda persona oprimida es liberada, y toda pobreza es erradicada. La provisión de Dios llega a cualquier hora y a cualquier lugar. El único requisito es que sea declarada de acuerdo con la voluntad de Dios y en el nombre de Jesús. En el momento que la Palabra es declarada, también es activada y viene a la existencia en el mundo natural.

La Palabra de Dios contiene el poder de Dios

Veamos ahora dos puntos en relación con esta cualidad de la Palabra de Dios:

1. *El poder de Dios reside en Su palabra, y luego actúa en nosotros.* En otras palabras, el poder no está en nosotros, sino en la Palabra de Dios, de donde cualquier persona ungida lo toma. Efesios 3:20 dice, *"Y a Aquel que es poderoso para hacer todas las cosas mucho más abundantemente de lo que pedimos o entendemos, según el poder que actúa en nosotros".*

Antes de obrar en una persona, el poder sobrenatural de Dios reside en Su Palabra.

Cuando entendemos dónde reside el poder de Dios, cambia nuestra forma de pensar y declarar la Palabra. Quiero insistir en esto, porque si usted entiende bien este principio sabrá que cada creyente puede ser usado para manifestar el poder de Dios. Repito, el poder no está en una persona, sino en la Palabra de Dios. Por eso, el apóstol Pedro decía, *"Si alguno habla, hable conforme a las palabras de Dios; si alguno ministra, ministre conforme al poder que Dios da, para que en todo sea Dios glorificado por Jesucristo"* (1 Pedro 4:11).

2. *El poder de Dios reside en Su boca, porque de ahí proceden Su Palabras.* Jesús dijo, *"Escrito está: No sólo de pan vivirá el hombre, sino de toda palabra que sale de la boca de Dios"* (Mateo 4:4). Cuando usted habla la Palabra con autoridad, puede declarar que las montañas se muevan, las puertas se abran, su cuerpo sea sano, su mente sea libre, y la salvación llegue a su familia, ¡porque usted es un vocero de Dios en la tierra!

Cuando estamos en la presencia de Dios, podemos hacer declaraciones, conforme a Su Palabra, contra cualquier cosa que el enemigo haya usado como arma para destruir nuestra vida o la de alguien más. Por consiguiente, cuando esté ante Él, proclame lo que dice la Escritura, porque Dios es uno con Su Palabra. Como mencioné antes, esto significa que Él está obligado a cumplir lo que ya habló. Busque a Dios y lleve Su Palabra donde vaya. ¡Declare la Palabra y envíela a las naciones para sanar, liberar y hacer la voluntad de Dios!

No olvide que cualquier oración que no está basada en la Palabra es una oración almática. Estará centrada solo en las necesidades de la persona que está orando, en la autocompasión y en el deseo de controlar. Generalmente, Dios no responde ese tipo de oraciones, porque nada de Él hay en esas palabras, y Él no está obligado a contestar. Dios quiere que usted declare Su palabra. Él siempre responderá a lo que ya ha dicho, pero que aún no se ha cumplido en la tierra.

La Palabra de Dios no tiene fecha de expiración

Jesús nos dejó esta promesa: *"El cielo y la tierra pasarán, pero mis palabras no pasarán"* (Mateo 24:35). Esto quiere decir que, si sus circunstancias no están alineadas a la Palabra de Dios, pero usted pone demanda, conforme a la Palabra, esas circunstancias tienen que cambiar, porque la Palabra nunca expira. Si la Palabra alguna vez dejara de ser, entonces el sol, la luna, las estrellas, la luz, ¡y todo lo demás también dejarían de ser! Nada visible o invisible existiría, porque Cristo es *"quien sustenta todas las cosas con la palabra de su poder"* (Hebreos 1:3).

Por lo tanto, aunque la gente le diga que es muy tarde para recibir un milagro, sepa que la Palabra de Dios no tiene fecha de expiración. ¡Y Dios nunca llega tarde! Dígale a su problema lo que Dios ya ha establecido en la eternidad. El doctor puede haberle dado un diagnóstico negativo, pero la Palabra dice que *"por su llaga* [la de Jesús] *fuimos nosotros curados"* (Isaías 53:5). ¿Qué reporte va a creer usted? ¿Va a creer en el reporte médico o en la palabra de Dios? La Escritura dice que Cristo se hizo pobre para que nosotros fuéramos enriquecidos. (Vea 2 Corintios 8:9). Ahora, ¿va a creerle al balance negativo en su cuenta bancaria, o creerá lo que dice la Palabra? ¿Qué tan creíble es la Palabra de Dios para usted? Déjeme decirle que la Palabra es eterna e infinita. Es tan válida hoy como lo fue ayer, y como lo será mañana. Por eso, no debemos ir a Dios con opiniones, ideas y experiencias humanas, sino solo con Su palabra. Dios es más grande que todo lo que hayamos pensado o vivido antes. *"Y me dijo Jehová: Bien has visto; porque yo apresuro mi palabra para ponerla por obra"* (Jeremías 1:12). ¡Permita que Dios ponga Su Palabra por obra!

Activación

Querido lector, si ha ahora usted ha estado orando de acuerdo con ideas y sabiduría humana, más que con la Palabra de Dios, le invito a hacer la siguiente oración en voz alta:

Amado Padre celestial, Te doy gracias por la revelación que estoy recibiendo a través de estas páginas. Me arrepiento por haber hecho oraciones que nacieron de mis opiniones, ideas, y experiencias y no de Tu Palabra. Reconozco que muchas de mis peticiones no han sido contestadas porque no estaban alineadas a Tu voluntad. Hoy, con la ayuda del Espíritu Santo, tomo la decisión de leer más la Biblia para poder entender mejor Tu voluntad y orar de acuerdo con ella. También me comprometo a buscarte en oración para conocer Tu Palabra *rhema*, la palabra que Tú tienes hoy para mi vida, mi familia, mi trabajo y mi ministerio. Oraré de acuerdo con Tu Palabra eterna, que no tiene fecha de expiración; la cual se sustenta a sí misma, me dirige hacia Tu voluntad, trasciende el tiempo, el espacio y la materia, y sale de Tu boca llena de poder. A partir de hoy, mis oraciones ya no estarán vacías, porque Tú has dicho, *"Así será mi palabra que sale de mi boca; no volverá a mí vacía, sino que hará lo que yo quiero, y será prosperada en aquello para que la envié"*. En el nombre de Jesús, ¡amén! (Vea Isaías 55:11).

Testimonios de oraciones de rompimiento

Una bebé sanada de Síndrome de Down

Diana Finkelstein es profeta en nuestro ministerio. Ella nos compartió este testimonio de una joven pareja a quienes les dijeron que su bebé nacería con Síndrome de Down, hasta que Dios intervino y cambió radicalmente el pronóstico médico:

Paul y Nicole son una pareja joven de nuestra iglesia en Miami. Ellos aman al Señor, lo sirven de todo corazón. Lo único que les faltaba era tener un hijo. De hecho, tenían más de cinco años de casados y ella no podía concebir, lo cual no tenía sentido ya que ambos son saludables. Entonces, el Espíritu Santo me dio una palabra y me llevó a orar por esa situación específica. Finalmente, después de años de espera, Dios intervino y Nicole quedó embarazada.

Sin embargo, un día Nicole vino a buscarme porque, en un examen de rutina, la doctora le había dicho que su bebé nacería con Síndrome de Down. De inmediato supe que era una mentira del enemigo, y les dije que, si ellos lo creían y aceptaban ese diagnóstico, su bebé nacería así, pero si elegían creer lo que dice la Palabra de Dios, verían Su poder manifestado. Por supuesto, escogieron creerle a Dios, así que oré y les di instrucciones de que confesaran el Salmo 139 con fe. Ellos creyeron y fueron obedientes. Cuando fueron a la siguiente cita con su doctora, le dijeron que no recibían el diagnóstico de Síndrome de Down, y querían repetir la prueba. Aunque la doctora se molestó, los nuevos resultados de los exámenes mostraron que ¡la bebé estaba totalmente sana! Y así nació, sana. Hoy, es una hermosa niña de tres años y es la felicidad de sus padres.

Estos jóvenes padres declararon la Palabra de Dios, oraron según Su perfecta voluntad y recibieron este poderoso milagro. ¡Gloria a Dios!

Sabiduría sobrenatural para curar el VIH

Mi nombre es Teka y vivo en Addis Ababa, la capital de Etiopía. Soy un creyente firme en Cristo y misionero en mi país. El año pasado, fui al Encuentro Sobrenatural que se realizó en Etiopía, donde el Apóstol Maldonado predicó a pastores y líderes. Mientras el apóstol ministraba la llenura del Espíritu Santo, se acercó a mí y me dijo, "Dios te imparte sabiduría y te activa para que hagas cosas inusuales". Yo recibí esa palabra con fe, pero nunca imaginé lo que venía: Dios me dio la sabiduría para desarrollar una cura para el VIH.

Por 10 años, yo había padecido esa enfermedad, pero la había mantenido en secreto. Sin embargo, nunca pasé por ninguna terapia antirretroviral; solo me cuidaba bien y oraba por una intervención divina, buscando la forma de recibir sanidad. Después de esa impartición del apóstol Maldonado, Dios me dio la sabiduría para descubrir los ingredientes necesarios para desarrollar una medicina herbaria que revierte los trazos del virus en la sangre. Investigué y probé la eficacia del producto en mí mismo. Después de un proceso de prueba y error, me hicieron un examen de sangre y mis resultados regresaron negativos al VIH. Como esto era algo tan increíble, fui a otra clínica a realizarme la prueba una vez más, y el resultado fue nuevamente VIH-negativo. Repetí el examen en una tercera clínica, y el resultado fue el mismo, ¡negativo!

Después de repetir el examen cinco veces, hice una cita con el gobierno para patentar la medicina que había desarrollado y presentar los documentos necesarios a la agencia de regulación de medicinas, y la registré. Se la he dado gratuitamente a algunos voluntarios, y las noticias han comenzado a difundirse. Mi plan es ayudar a portadores del virus quienes, luego de ser diagnosticados, no tienen ninguna otra opción médica. Hasta hoy 51 personas, incluyéndome, hemos dejado de ser portadoras de este virus; por lo cual damos gloria y honor a nuestro Dios. Estoy tan agradecido con Él por usarme para ayudar a todas estas personas. Jesús dijo, *"Si puedes creer, al que cree todo le es posible"* (Marcos 9:23). ¡Yo creí, y lo que era imposible se hizo realidad! Alabo a Dios, y usaré esta sabiduría sobrenatural para engrandecer y exaltar Su nombre en todas partes del mundo. ¡Jesús es nuestro Señor y nuestro sanador!

Un bebé resucitado de entre los muertos

Rory, quien vive en Johannesburgo, la ciudad más grande de Sudáfrica, tiene un testimonio poderoso de lo que significa declarar la Palabra de Dios:

Hace un tiempo, recibí una llamada desesperada de mi hija; ella gritaba que había encontrado a su hijo flotando en la piscina del patio de su casa. El niño tenía apenas un año y medio, y se había ahogado. Lo llevaron al hospital de emergencia y lo conectaron a una máquina a fin de mantenerlo vivo. Poco después, los médicos dijeron que no podían hacer nada más por él y que había que desconectarlo; pero mi hija les dijo: "Si no hay nada más que ustedes puedan hacer, yo pongo a mi hijo en las manos de Jesús". Horas después, el reporte que recibimos era que había muerto debido a la cantidad de agua en sus pulmones. Yo no sabía qué decirle a mi hija; respiré profundo y le pedí al Espíritu Santo que me ayudara. De repente, recordé que había recibido una impartición acerca de esto. Yo había estado en una reunión de líderes con el apóstol Maldonado, donde él nos había enseñado que tenemos poder para declarar el poder de la resurrección de Cristo sobre los muertos. En ese momento, mucha gente de nuestras iglesias-hijas se había reunido en la iglesia principal para hacer una vigilia de oración por mi nieto.

Al día siguiente, viajé al hospital para ver a mi familia. Todos estaban devastados, y aunque tengo mucha fe, en ese momento apenas podía respirar. Miré a mi nieto, aún conectado a equipos de respiración artificial, cubierto de tubos y sin vida. Tomé aceite y comencé a ungir su cuerpo. Entonces oré diciendo:

"Señor, yo creo en Ti. Creo que levantaste a Lázaro de entre los muertos. Yo no lo vi, pero sé que ese mismo poder está aquí conmigo hoy. Yo quiero que ese poder sobrenatural toque a mi nieto". Mientras oraba, de repente, el bebé comenzó a retorcerse. ¡La vida estaba volviendo a él! Las enfermeras vinieron corriendo porque las alarmas de las máquinas comenzaron a sonar. ¡Sus pulmones se habían recuperado! ¡Mi nieto había resucitado, para la gloria de Dios!

8

CLAVES PARA LA ORACIÓN
DE ROMPIMIENTO

"Sembrad para vosotros en justicia, segad para vosotros en mise-
ricordia; haced para vosotros barbecho; porque es el tiempo de
buscar a Jehová, hasta que venga y os enseñe justicia".
—Oseas 10:12

La falta de consistencia es algo muy evidente en la iglesia actual. Vemos a la gente afanarse por acudir a eventos aislados de los ministe- rios, en lugar de perseguir una llenura continua y creciente del Espíritu Santo. El apóstol Pablo escribió, *"Sed llenos del Espíritu"* (Efesios 5:18), pero la iglesia en su gran mayoría ha decidido ignorar este mandato, sin darse cuenta de que, mientras no lo acatemos, los rompimientos que estamos esperando no llegarán. Formamos parte de una generación que sabe mucho de doctrinas y tradiciones cristianas, pero no conoce los principios del reino de Dios; sabe de leyes naturales, pero conoce muy poco de las leyes espirituales; sabe cómo pelear por sus derechos como ciudadanos, pero no ha podido apropiarse de los derechos espirituales que Jesús ya ganó para nosotros en la cruz.

Dios siempre trabaja por medio de principios y patrones. La Escritura nos muestra que la oración es una práctica que requiere consistencia y continuidad, y que también es uno de los principales modelos de crecimiento espiritual. *"Orad sin cesar"* (1 Tesalonicenses 5:17) nos lleva a vencer cada desafío que la vida nos presenta y todo obstáculo que el enemigo levanta para intentar detener nuestro avance en Cristo. Así que, si deja de orar por su situación, no verá el rompimiento. Es posible que ni se entere que estuvo a uno o dos pasos de recibir su milagro o bendición, y se dio por vencido antes que su rompimiento llegara. El plan del enemigo siempre estará dirigido a lograr que usted abandone antes de obtener la respuesta a su oración.

La necesidad de un rompimiento

Satanás está desesperado por boicotear la obra de Dios, y tratará de frenar a los creyentes de cualquier manera posible. Cuando nos enfrentamos a sus ataques, necesitamos rompimientos en oración que nos lleven a vivir por encima de las interferencias demoniacas (así como de los obstáculos naturales), ¡de milagro en milagro! No obstante, lograr un rompimiento no es cuestión de apretar un botón. Nuestras oraciones deben ser continuas y persistentes, hasta que el milagro ocurra, la provisión llegue, la enfermedad abandone el cuerpo, los hijos regresen a casa, o hasta que ocurra cualquier otra cosa por la que estemos creyendo.

Cuando se corta la continuidad en la oración, se detiene el ímpetu en el Espíritu.

El diablo quiere interrumpir el ritmo de lo sobrenatural en nosotros. Cuando lo logra, es como si levantara una gran pared a nuestro alrededor, la cual bloquea el camino que nos conecta con las bendiciones de Dios. Cuando dejamos de tener contacto con lo sobrenatural, empezamos a desacelerar, hasta que perdemos el impulso en el Espíritu. En casos como esos, ¡necesitamos con urgencia un rompimiento!

¿Cómo alcanzamos este rompimiento? ¡Alabando a Dios hasta que su poder caiga, y adorándolo hasta que Su presencia venga! Cuando los Israelitas eran esclavos en Egipto, clamaron por cuatrocientos treinta años para ser liberados de su cautiverio. Entonces, Dios llamó a Moisés para sacarlos de Egipto y llevarlos a la tierra prometida. En el proceso, tuvieron que atravesar el desierto, cruzar el Mar Rojo y vencer muchas rebeliones. Moisés cargaba el impulso del rompimiento en sí mismo; pero, para servir a los propósitos de Dios, necesitó cuarenta años de experiencia en el palacio de Faraón, viviendo con una mentalidad de libertad, y luego cuarenta años más de duro entrenamiento en el desierto como pastor de ovejas. Finalmente, cuando el tiempo se cumplió, la suma de toda su preparación lo convirtió en la respuesta de Dios a las oraciones acumuladas de un grupo inmenso de personas.

> Para que un rompimiento venga sobre un pueblo o nación, se necesita acumulación.

El plan del enemigo siempre ha sido matar, robar y destruir (vea Juan 10:10); por eso, cuando él manda un ataque a nuestra vida, necesitamos un rompimiento rápido. Hay ocasiones en que usted se siente impedido o limitado en sus circunstancias, a tal punto que se paraliza; esto es porque el enemigo le tiene encadenado. Es más, usted puede identificar cuando una contención demoníaca está afectando su vida en conjunto, porque siente la necesidad de que ocurran múltiples rompimientos, no solo uno. En realidad, la mayoría de nosotros necesitamos rompimientos en varias áreas de nuestra vida; por ejemplo, en nuestra vida personal, nuestra familia, nuestro negocio, nuestra educación, nuestra salud, incluso en nuestras emociones. Esos rompimientos deben incluir la liberación, porque las ataduras demoniacas nos impiden avanzar con poder sobrenatural, conocer más de Dios, dejar atrás la vida de pecado y perseverar en la oración.

¿Qué es la oración de rompimiento?

Romper se define como "separar con violencia y de forma repentina las partes de algo". De manera similar, la oración de rompimiento genera una ruptura abrupta, violenta y repentina de aquello que nos está deteniendo, empujándonos más allá de las limitaciones, hacia la libertad. La oración de rompimiento debe hacerse de manera persistente y consistente, hasta que percibamos que algo se rompe en el ámbito espiritual, y hasta que se manifieste en el mundo natural lo que estamos pidiendo. Con el rompimiento, halamos del mundo espiritual al natural aquello que necesitamos y, como resultado, podemos ver una demostración visible y tangible del poder y la provisión de Dios.

Por tanto, la oración de rompimiento requiere la habilidad de perseverar, soportar, presionar y resistir valientemente. Exige diligencia implacable, tenacidad, audacia e importunidad (que es la capacidad de resistir firmemente a la oposición hasta obtener una respuesta). Debemos desarrollar una fe que se caracterice por ser obstinada, poseer audacia santa, y no tener miedo a desafiar lo que venga contra nosotros.

Cuando oramos por rompimiento, también debemos mantener una perspectiva que alcance a ver más allá de lo naturalmente imposible y que vea lo sobrenaturalmente posible. Un ejemplo de esto es el encuentro entre Naamán y el profeta Eliseo. (Vea 2 Reyes 5:1–14). Naamán era un general del ejército sirio, valiente y muy grande ante su rey, pero sufría de lepra. Cuando Naamán acudió a Eliseo pidiendo ayuda, y el profeta le ordenó zambullirse siete veces en el río Jordán, él primero pensó que esto no tenía sentido; de hecho, se enfureció y estuvo a punto de irse antes que su siervo le persuadiera de seguir las instrucciones del profeta.

¿Qué hubiese ocurrido si Naamán se hubiera ido sin obedecer? ¿Qué hubiese pasado si se hubiera zambullido solo una vez? ¿O si se hubiese detenido a la sexta vez? ¡No se habría sanado! Sin embargo, su disposición a persistir en completa obediencia lo llevó a obtener su milagro.

Quizás usted está experimentando algo similar. A lo mejor usted es un hombre o mujer muy valiente e importante, pero está sufriendo de una condición que, en sus propias fuerzas resulta imposible resolver. La historia de Naamán nos da algunas claves específicas para la oración de rompimiento, las cuales exploraremos ahora.

Claves espirituales para la oración de rompimiento

1. La oración de rompimiento es continua, consistente, persistente y perseverante

*Sembrad para vosotros en justicia, segad para vosotros en misericordia; haced para vosotros barbecho; porque es el tiempo de buscar a Jehová, **hasta** que venga y os enseñe justicia.*

(Oseas 10:12)

El ejercicio de la perseverancia tiene el mismo efecto en el ámbito espiritual que en el natural. Por ejemplo, en el mundo físico, si usted quiere perder peso, usted debe perseverar y ser consistente manteniendo la dieta apropiada y practicando ejercicio regularmente. O, si usted quiere obtener un título universitario, debe continuar hasta completar su programa de estudios. Hay algunas personas que empiezan con mucho entusiasmo y obtienen resultados rápidos; por ejemplo, bajan diez libras (unos cinco kilogramos) de las treinta libras que quieren perder; o progresan exitosamente por los dos primeros años de estudios de un programa de cuatro años, pero después, cuando su progreso desacelera o las cosas se ponen un poco más difíciles, se desaniman y dejan todo. La duda y la inconsistencia desvían su propósito y acaban con él. La Biblia dice que *"el hombre de doble ánimo es inconstante en todos sus caminos"* (Santiago 1:8). ¡Las personas así nunca terminan nada!

Dios quiere que conquistemos varios territorios espirituales, en nuestra vida, en las vidas de otros, y en el mundo. Esos territorios actualmente están siendo retenidos por el enemigo y solo pueden ser recuperados para Su reino por la continua oración de fe. Jesús mismo necesitó orar constante y persistentemente a fin de conquistar los territorios que el Padre le había asignado. Su misión era desplazar a Satanás y establecer el reino de Dios en la tierra. No era una tarea fácil porque, debido al pecado de los primeros seres humanos, el diablo tenía autoridad legal sobre la tierra. Jesús sabía que solo podía vencer mediante la oración; por eso, la batalla de la cruz la ganó mientras oraba en el jardín de Getsemaní, una noche antes de ser entregado para ser crucificado. Aquí podemos ver, una vez más, que la iglesia necesita recuperar el espíritu de oración con el cual nació. Si no hay demanda en oración, no podremos obtener los mega-rompimientos que necesitamos en los últimos tiempos.

> Todo lo que usted quiera lograr en Dios requiere que no se rinda, sino que persevere hasta que suceda.

2. El rompimiento espiritual no sucede por casualidad

Hay cosas en las que Dios obra soberanamente, pero hay otras en las que tenemos que participar para que sucedan. Uno de los mayores engaños en los que a menudo caen algunas personas es creer que las manifestaciones del Espíritu —como los milagros, señales y maravillas, o la provisión sobrenatural de Dios— ocurren "porque sí". Por ejemplo, un líder cristiano puede entrar una vez en el ámbito de lo sobrenatural porque, sin darse cuenta, siguió un principio espiritual. Sin embargo, debido a que no tiene suficiente conocimiento de quién es Dios, ni cómo opera lo sobrenatural, y tampoco conoce las leyes del reino espiritual, como la oración de rompimiento, no puede avanzar en el poder sobrenatural. Por consiguiente, termina creyendo y enseñando que Dios simplemente "actúa de maneras misteriosas" que no pueden ser anticipadas. Otros pueden caminar en lo sobrenatural "por asociación", porque están cerca de un hombre o mujer de Dios que conoce los principios espirituales y se mueve en lo sobrenatural. Sin embargo, a menos que reciban la revelación de por qué suceden los milagros y los rompimientos, no podrán operar por sí mismos en lo sobrenatural.

> Usted no podrá seguir operando en una realidad espiritual que descubra por accidente, porque no entenderá cómo vino.

Como indiqué arriba, Dios siempre trabaja por medio de principios y patrones, no por casualidad. Así podemos ver que, en todo lo que Jesús hacía, había un patrón. Como hombre, Él conocía los principios y las leyes para moverse en lo sobrenatural. Siempre había un principio de reino detrás de cada una de Sus palabras y actos, los cuales estaban basados en revelación proveniente del Padre. Nada de lo que hizo ocurrió por accidente. Un ejemplo de esto lo podemos ver cuando llegó el momento en que debía tomar la importante decisión de escoger a Sus doce discípulos más cercanos. *"En aquellos días él fue al monte a orar, y pasó la noche orando a Dios. Y cuando era de día, llamó*

a sus discípulos, y escogió a doce de ellos, a los cuales también llamó após-
toles" (Lucas 6:12–13).

Está claro que Jesús nunca hizo nada de manera casual. En este
caso, Él sabía que tenía que escoger a los discípulos que serían enviados como apóstoles, y por eso pasó toda la noche anterior orando. Le
pregunto, ¿necesita Dios una noche entera para hacer algo? ¡Claro que
no! Cuando Dios hace algo en Su soberanía, el tiempo no es un factor.
Dios está por encima del tiempo, el espacio y la materia. Sin embargo,
los seres humanos operamos dentro del margen del tiempo y las limitaciones de una mente finita, por eso nos toma más tiempo. Usted puede
estar pensando, *¿Pero si Jesús era Dios, por qué* tuvo que orar toda la
noche? ¿No trascendía Él también el tiempo? ¿No tenía una mente
infinita? La respuesta es que, Jesús, el Hijo de Dios, no operaba como
Dios en la tierra, sino como hombre, para poder ser representante de la
humanidad en Su vida y en Su muerte. Para trascender el tiempo y el
pensamiento finito, y entrar en el ámbito eterno, Él necesitaba estar en
comunión con el Padre en oración.

Orar toda la noche produce mega-unción,
y eso desata mega-milagros.

La vida de oración de Jesús fue el factor clave en todas las sanidades y liberaciones de opresión demoníaca que ministró a la gente.
El precio que pagaba orando de noche, daba frutos en Su ministerio
durante el día. Su vida de oración continua generaba tanto poder en
Su espíritu que, cada vez que Él iba a un lugar, los demonios huían
despavoridos. *"Los que habían sido atormentados de espíritus inmundos*
eran sanados. Y toda la gente procuraba tocarle, porque poder salía de él y
sanaba a todos" (Lucas 6:18–19).

Jesús revolucionaba los pueblos y ciudades que visitaba porque,
antes de ir, se llenaba de poder en oración. Ataba al hombre fuerte (vea

Marcos 3:27) que gobernaba sobre esas regiones y conquistaba esos territorios. En otras palabras, durante la noche, Jesús daba órdenes relacionadas a lo que sucedería el día siguiente. El veía con anticipación en el espíritu y declaraba lo que iba a suceder, de acuerdo con la voluntad del Padre. La oración era también la manera en que Él edificaba Su espíritu para lo que sería el día siguiente.

Jesús le pasó ese patrón de oración continua a Sus discípulos, y ellos lo siguieron; a su vez, ellos instruyeron a los creyentes de la iglesia primitiva, quienes vivieron de acuerdo con el mismo patrón de oración. Nosotros debemos hacer lo mismo; si no, alguien más determinará lo que ocurrirá en nuestro día, dictará el resultado y no podremos evitarlo. Creo que éste es el tiempo en la historia de la iglesia cuando Dios quiere manifestar mega-milagros, mega-provisión, y mega-bendiciones, pero nada de eso sucederá "porque sí"; sino que requerirá oración continua, consistente, y persistente.

> Los milagros, señales y prodigios no ocurren muy a menudo hoy en día, porque no se pone suficiente demanda en oración para que sucedan.

Tener una familia fuerte, un negocio o una carrera exitosa, y una iglesia próspera en todo aspecto; o triunfar en la vida, moverse en el poder sobrenatural, recibir bendiciones del cielo, alcanzar la madurez espiritual, y ser un hombre o una mujer de Dios —ninguno de estos resultados ocurre de la noche a la mañana, ni suceden arbitrariamente—. Todo lo que concierne al espíritu requiere oración, compromiso, sacrificio, ofrendas y muerte al yo. No podemos esperar que Dios haga por nosotros lo que Él nos ha llamado a hacer. Él nos ha dado principios y claves, y nos ha revelado misterios que ha mantenido escondidos para otros (vea, por ejemplo, Lucas 10:21). Es nuestra responsabilidad hacer el resto.

Puedo dar incontables testimonios de mi propia vida sobre la necesidad de perseverar y ser constantes en la oración. Por ejemplo, obtener mi maestría en Oral Roberts University me tomó tres años y medio. Requirió esfuerzo, perseverancia, y sacrificio. Para entonces, ya tenía la carga de cuidar de mi familia y supervisar el ministerio, así como una red de iglesias alrededor del mundo; pero me propuse la meta personal de completar mi maestría y, con la ayuda del Espíritu Santo, lo logré y me gradué con honores. Hay gente que quiere tener éxito inmediato sin hacer ningún esfuerzo; otros quieren alcanzar el rompimiento en la oración sin hacer ningún sacrificio. Por eso, lo único que reciben son desilusiones, dudas y metas no cumplidas. Sin embargo, desde que entendí este principio, que el rompimiento no ocurre por casualidad, ahora disfruto los beneficios de tener un diploma de una de las mejores universidades en los Estados Unidos. Sé que hay muchos jóvenes leyendo este libro, y a ustedes les digo que, si estaban a punto de tirar la toalla, no lo hagan. ¡Perseveren! Si han estado batallando en oración por un milagro, no desistan. Perseveren, porque el rompimiento está a la vuelta de la esquina. Continúen presionando en oración, ¡hasta que vea la plenitud de Dios manifestada!

3. La oración de rompimiento funciona según la ley de acumulación

"Pero cuando vino el cumplimiento del tiempo, Dios envió a su Hijo, nacido de mujer y nacido bajo la ley, para que redimiese a los que estaban bajo la ley, a fin de que recibiésemos la adopción de hijos" (Gálatas 4:4–5). La frase *"el cumplimiento del tiempo"* significa que algo se ha completado, ha madurado, o ha crecido hasta alcanzar su estatura máxima; indica el fin de un tiempo ordenado por Dios. Recuerde que, la madurez no se alcanza en un instante. Así como tomó siglos de preparación para que se cumpliera el tiempo de la primera venida de Cristo, el tiempo de Su segunda venida se está preparando en base a oraciones, ofrendas y sacrificios, los cuales se acumularán hasta el momento en que sea ordenado el regreso del Hijo de Dios.

La "ley de la acumulación" se refiere a empezar a construir algo, hasta que eso alcanza su plenitud. Como mencioné antes, Dios ha guardado oraciones hechas en el pasado para derramar la manifestación de sus respuestas en los últimos tiempos. Oraciones que hicieron Abraham, Moisés, David, los profetas, los apóstoles, y nuestro amado Jesús están acumuladas. La Biblia dice que, *"cuando [Jesús, el Cordero inmolado] hubo tomado el libro, los cuatro seres vivientes y los veinticuatro ancianos se postraron delante del Cordero; todos tenían arpas, y copas de oro llenas de incienso, que son las oraciones de los santos"* (Apocalipsis 5:8).

¿Ha orado usted por cosas y aún no las ha visto manifestadas? Si ha hecho oraciones que van a ser cumplidas en el futuro, ellas están acumuladas en una de esas copas celestiales; están "ganando interés" y creciendo ¡Están a punto de ser derramadas! Puedo asegurarle que esas oraciones no han sido olvidadas, aunque es probable que no se manifiesten hasta que la copa de oración esté totalmente llena. Puede que aún no haya suficiente "materia espiritual" acumulada para darle forma a su milagro en el ámbito natural. Así que, continúe depositando oraciones, presentando ofrendas y ayunos, hasta que se cumpla el tiempo, y su copa esté lista para ser derramada.

> Hay respuestas a oraciones que no se manifestarán hasta que haya suficiente acumulación y el tiempo se haya cumplido.

Cuando usted ora de continuo, es como si generara un ímpetu o un impulso, el cual produce suficiente acumulación en el espíritu como para producir rompimiento. (En el próximo capítulo ahondaremos más sobre el impulso). Si está ayunando y orando, y aún no ve resultados, debe aumentar su nivel actual de búsqueda de Dios; debe generar mayor fuerza espiritual, la cual hará que se acelere el impulso hasta llevarlo al punto de rompimiento. Siga orando, y no se dé por vencido hasta lograr suficiente acumulación. ¡La demora se acabó! ¡Su tiempo de rompimiento es ahora!

La oración de rompimiento involucra un proceso comparable al que hace que llueva sobre la tierra. Dice la Escritura que *"si las nubes fueren llenas de agua, sobre la tierra la derramarán"* (Eclesiastés 11:3). La ley de la acumulación establece que, cuando una sustancia sobrepasa la capacidad de su recipiente, se derrama. Así que, si usted conoce cómo funciona la ley de la acumulación, no se desanimará por no haber recibido aún respuesta a sus oraciones, porque sabe que esas oraciones están acumulándose, y que la manifestación de su bendición está cerca. Cada vez que usted ora, la acumulación crece. Por ejemplo, entre más usted ora por la salvación de sus hijos, más cerca están de venir a los pies del Señor, arrepentidos y listos para ser restaurados; cada vez que ora por sus finanzas, más cerca está de ver la mega-abundancia. ¡Su estatus está cambiando ahora! Gálatas 6:9 dice, *"No nos cansemos, pues, de hacer bien; porque a su tiempo segaremos, si no desmayamos"*.

> La oración de fe es "ahora", pero la oración de rompimiento requiere acumulación.

A veces me encuentro con gente que quiere ver un rompimiento con solo dar una ofrenda, o después de una oración de veinte minutos. Si usted quiere traer el cielo a la tierra, no es así como sucederá. Cuando su fe y sus oraciones tienen suficiente acumulación, la manifestación sucederá fácilmente.

Además de esto, debe tener una visión específica de lo que quiere lograr. La Biblia nos enseña que cada una de las partes del templo en Jerusalén tenía medidas específicas. De la misma manera, usted necesita tener las "medidas correctas" de lo que quiere lograr en la oración. En otras palabras, si no tiene una idea clara de lo que está orando, no recibirá la manifestación visible de lo que anhela, salvo que ocurra un acto soberano de Dios, donde los seres humanos no estén involucrados, ni se requiera acumulación.

Por ejemplo, la resurrección de los muertos es un milagro poderoso que caracteriza al Ministerio El Rey Jesús. Sin embargo, no fue algo que ocurrió de la noche a la mañana. En mis oraciones diarias, el Espíritu Santo me mostró que éste era el próximo nivel de poder que recibiría en el ministerio. Desde ese momento, empecé a acumular oraciones en esa dirección y a buscar el poder de la resurrección. Cuando hube acumulado suficientes oraciones, la copa se derramó y las resurrecciones comenzaron a ocurrir. ¡Fue algo glorioso! Pero tomó mucho tiempo de oración alcanzar ese nuevo nivel.

Por eso, si usted ha sentido el deseo de renunciar a la oración porque hasta ahora no ha visto su rompimiento, ¡no lo haga! Muchos, sin saberlo, se han dejado vencer por el desánimo, la oposición espiritual y el agotamiento, y se han dado por vencidos en vez de persistir hasta acumular suficientes oraciones para que la copa se derrame.

La Biblia ofrece incontables ejemplos de perseverancia a fin de animarnos a seguir orando. Por ejemplo, después que el pueblo de Israel había entrado a la tierra prometida, llegaron a Jericó, donde se encontraron con una ciudad amurallada que era difícil de penetrar. Dios le dio instrucciones específicas a Josué, diciéndole que los israelitas deberían marchar alrededor de la ciudad una vez por día, durante seis días, y después, en el séptimo día, marchar alrededor de la ciudad siete veces. Luego de eso, debían dar un gran grito juntos mientras los sacerdotes sonaban las trompetas, y así las paredes colapsarían. (Vea Josué 6:1–5). Si Josué no hubiese perseverado y seguido todas las instrucciones que Dios le dio, las paredes no hubieran caído, ni los israelitas hubieran logrado la victoria. Lo mismo debemos hacer nosotros para obtener el rompimiento, ¡perseverar!

Conozco a un pastor de Asia que oró y predicó por once años sin ver a nadie recibir a Cristo. De repente, un gran avivamiento empezó en su iglesia, trayendo el fruto de todos esos años de siembra. Hoy, su iglesia tiene alrededor de cien mil personas. Como éste, podría seguir compartiendo muchos testimonios del ministerio y también recuentos históricos que ilustran las recompensas de la perseverancia. Un famoso ejemplo histórico es el de Abraham Lincoln, quien se postuló dos veces para el senado de los Estados Unidos y a otros cargos políticos en los 1850s sin ganar, pero él fue persistente, hasta que en 1860 se convirtió en presidente de los Estados Unidos de América.

El "ahora" es la acumulación de fe, profecías, oraciones, ayunos, ofrendas, y alabanzas, listos para ser derramados.

Elías, uno de los más grandes profetas, enfrentó un desafío tremendo en una época en que la idolatría se había vuelto común en las áreas del norte del reino de Israel. Siguiendo las instrucciones dadas por Dios, el profeta declaró que no llovería en Israel hasta que él lo ordenara; como resultado, hubo una gran sequía en la tierra. (Vea 1 Reyes 17:1). El pueblo se volvió al único Dios verdadero después que Elías venció a los profetas del falso dios Baal en una notable exhibición del poder celestial. (Vea 1 Reyes 18:20–40). Entonces Elías oró por un rompimiento, hasta que las nubes derramaron lluvia otra vez:

> *Y Elías subió a la cumbre del Carmelo, y postrándose en tierra, puso su rostro entre las rodillas. Y dijo a su criado: Sube ahora, y mira hacia el mar. Y él subió, y miró, y dijo: No hay nada. Y él le volvió a decir: Vuelve siete veces. A la séptima vez dijo: Yo veo una pequeña nube como la palma de la mano de un hombre, que sube del mar. Y él dijo: Ve, y di [al rey] Acab: Unce tu carro y desciende, para que la lluvia no te ataje.* (1 Reyes 18:42–44)

En hebreo bíblico, el número siete indica plenitud o que algo está completo. Cuando Elías le dijo a su siervo que subiera siete veces, en realidad le estaba diciendo que debía subir hasta que se hubiera completado el milagro —hasta que la nube cargada de lluvia apareciera en el cielo—. Si no entendemos este simbolismo, podemos frustrarnos al creer que solo por hacer algo siete veces obtendremos resultados. Sin embargo, la oración de rompimiento debe hacerse "siete veces", en el sentido de persistir hasta que la nube se llene de agua, hasta que la copa rebose y se derrame, hasta que el milagro se manifieste y podamos verlo con nuestros ojos. Si el tiempo del cumplimiento de sus oraciones no ha llegado aún, usted debe seguir acumulándolas. Debe persistir hasta ver el rompimiento.

4. Mantener un rompimiento demanda perseverancia en la oración

Una vez que hemos obtenido rompimiento en algún área, debemos permanecer alertas para no perderlo. Esto quiere decir que, si conquistar un territorio espiritual requirió oración, también se requerirá oración para mantenerlo. Por ejemplo, algunas personas que reciben un rompimiento en sus finanzas muy pronto empiezan a ser absorbidas por los negocios o las transacciones financieras; por ende, dejan de orar y terminan olvidándose de Dios. Tarde o temprano, esas personas pierden la bendición que habían logrado a través de la oración. Lo mismo puede ocurrir en cualquier otra área de nuestra vida. Supongamos que un matrimonio está en crisis, entonces la pareja empieza a orar fervientemente, y Dios trae rompimiento y viene la reconciliación; pero, luego dejan de orar y los problemas vuelven, porque se descuidaron y no siguieron protegiendo su unión. Por lo tanto, la clave para mantener un rompimiento es perseverar en oración y cubrir con la sangre de Cristo aquello que tanto nos ha costado lograr.

Activación

Amado lector, en este día lo animo a seguir persistiendo en oración, a seguir generando impulso en lo sobrenatural a fin de lograr un rompimiento en todo lo que usted sabe que es la voluntad de Dios. Manténgase alineado con la Palabra y párese en una posición de justicia. Ore una y otra vez, hasta ver que los cielos se abren, que la copa se derrama, que las nubes vierten lluvia y que la respuesta a su oración procede del trono de Dios.

Antes de orar, pregúntese qué tanto realmente quiere ese rompimiento, y si está dispuesto a pagar el precio que eso demandará en oraciones, ofrendas y sacrificios. Cada oración que haga y que esté alineada a la voluntad y al tiempo de Dios, será respondida, pero usted debe persistir hasta ver el rompimiento. Tal vez había empezado a sentir que Dios no lo escuchaba o que estaba perdiendo el tiempo; quizá se había dado por vencido, sin encontrar explicación alguna a su aparente derrota. Pídale a Dios la gracia para perseverar. Su gracia es el poder sobrenatural que nos fortalece para persistir hasta ver nuestro rompimiento.

Ahora, permítame hacer una breve oración por usted:

Amado Padre celestial, gracias por darnos esta revelación de las claves espirituales para la oración de rompimiento. Ahora mismo, desato Tu gracia sobrenatural sobre cada lector, para que puedan perseverar en oración hasta ver su rompimiento. Declaro que todo espíritu de demora ha sido derrotado, y que Tu poder se desata sobre ellos, para ver que Tu voluntad se cumple en la tierra como en el cielo, trayendo sanidades, milagros, señales y maravillas.

¡Reciba este rompimiento ahora, en el nombre de Jesús! Cuando lo haya recibido, cuídelo y rodéelo de oración para que nunca lo pierda.

Testimonios de oraciones de rompimiento

Levantada de su lecho de muerte

Soy la Pastora Mirtha de Millán, de Venezuela, Sudamérica, y nuestro ministerio está bajo la cobertura espiritual del Apóstol Maldonado; lo cual fue crucial para mí cuando tuve que enfrentarme a una muerte inminente. Yo nací con una condición en el corazón y, cada cierto tiempo, sufría de taquicardia [frecuencia excesiva del ritmo de las contracciones cardíacas]; pero, un tiempo atrás, esa condición empeoró. Comencé a fatigarme mucho y a sentir taquicardia muy a menudo. El médico me diagnosticó que tenía dos válvulas aceleradas. Me recetó unos medicamentos para controlar la condición, pero en vez de mejorar, mi condición empeoró, ya que las otras dos válvulas también se aceleraron. Sentía un agotamiento extremo y cansancio constante, y a menudo me desmayaba. En la siguiente cita que tuve con el doctor, me recetó pastillas para dormir, pero esto empeoró las cosas. Para la tercera cita, estaba seriamente enferma. No podía ponerme de pie por mi cuenta, apenas si podía caminar, y a menudo me caía; también me desmayaba constantemente. Días después, perdí toda movilidad; no podía caminar ni hablar, y no podía abrir mis ojos ni mover ninguno de mis miembros. Quedé literalmente postrada en cama. Me llevaron al médico, donde tuve otra crisis que me dejó en cuidados intensivos porque no estaba fluyendo suficiente sangre a mi cerebro. Como no me podía mover, parecía que estaba dormida, pero en realidad estaba consciente y desesperada, porque no podía comunicarme con mi familia. Quería gritar y decirles que estaba despierta, pero no podía.

En este tiempo, en Venezuela, los hospitales siempre estaban abarrotados de gente, así que el doctor me mandó a la casa, monitoreada por dos enfermeras. Allí, sufrí derrame, y quedé como si estuviera muerta. Pero, mis hijos y mi esposo nunca dejaron de orar por mí. Entre todos los mensajes que mi familia recibió, llegó un mensaje grabado con una oración de la Profeta Ana Maldonado. Ellos pusieron la grabación cerca de mi oído para que la oyera; y mi fe empezó a crecer, y allí empezó mi milagro. En la oración ella decía: "¡Levántate! ¡Camina y sal de esa circunstancia!". Ese fue un mensaje hermoso porque, tres horas después, comencé a mover mis manos. Al día siguiente, me senté sola en la cama, sin ayuda de nadie. Todavía no podía hablar, pero, con la ayuda de mi hijo, me pude levantar y comencé a caminar. Seguí escuchando la oración de la Profeta y orándole al Señor. Al día siguiente, me llevaron al médico. Cuando éste me vio, ¡no podía creer que yo estuviera de pie! Perseverando en la fe y en oración, pude superarlo todo. ¡Mi sanidad fue completa! El doctor me dijo que los daños físicos causados por el derrame mejorarían poco a poco; que con el tiempo podría caminar normalmente y mi cara torcida se enderezaría. Pero, casi no tuve que esperar, porque mi persistencia en oración me llevó a ver el milagro completo de forma acelerada. ¡Cristo me levantó! Como si no fuera suficiente, después de revisar mis nuevos exámenes médicos, el doctor encontró que tenía una glándula tiroides nueva; y digo nueva, porque hacía tres años, ¡me la habían extirpado! ¡Dios hizo un milagro creativo múltiple, en mi corazón y en mi tiroides! Le doy gracias a Dios y a mis padres espirituales por todo lo que nos han enseñado acerca del poder de la oración, y de perseverar hasta ver el milagro completo.

Rompimiento en la adquisición de un terreno para una iglesia

Soy Marta Castro, de San Antonio, Texas, Estados Unidos. Hace como un año, mi familia y yo estábamos mirando uno de los servicios del Ministerio El Rey Jesús por internet, y recibimos una fuerte impartición del Espíritu Santo a través del Apóstol Guillermo Maldonado, quien estaba hablando acerca de la fe. Sobrecogidos por la presencia de Dios, sentimos que debíamos sembrar mil dólares de nuestro ministerio en el Reino. La situación financiera de la iglesia no era muy buena en ese momento, pero creímos y sembramos esa suma el mismo día. En ese tiempo, estábamos en busca de un terreno en el cual construir la iglesia, y habíamos encontrado uno por el que pedían medio millón de dólares. Como no teníamos esa cantidad, decidimos seguir empujando y perseverando en la intercesión, llenando nuestra copa del cielo con más oraciones. Un día, aproximadamente un año después, uno de nuestros hijos espirituales regresó a la propiedad y consiguió una cita con el dueño, por medio de su hijo. El dueño dijo que le gustaría reunirse con los pastores. Sentimos que había llegado el momento. Ese día, recorrimos el terreno de 9.7 acres [3,92 hectáreas], ubicado sobre una avenida principal que conecta con el centro de la ciudad. En un momento de la conversación, el dueño se detuvo y nos dijo, "¿Qué tal si ustedes solo compran 3 acres [1,21 hectáreas] por $167.989 dólares y yo le siembro a la iglesia 6.7 acres [2,7 hectáreas]?". Inmediatamente, supimos que eso era algo sobrenatural y que solo podía venir del Señor. Nosotros habíamos creído la palabra predicada y la habíamos sellado con una semilla de fe, creyendo por un rompimiento; y el Señor nos dio el terreno. Hoy en día, tenemos el título de una propiedad valorada en medio millón de dólares, la cual adquirimos ¡por solo la tercera parte de su precio! ¡Ahora vamos por la provisión sobrenatural para la construcción!

9

CÓMO EL IMPULSO PRODUCE ROMPIMIENTO

"Orad sin cesar".
—1 Tesalonicenses 5:17

Hemos aprendido que en el ámbito sobrenatural, todo opera según principios y patrones espirituales. Uno de esos principios es que, en el reino, la oración de rompimiento opera bajo la ley de la acumulación, que nos va llevando *"de fe en fe"* (Romanos 1:17) y *"de gloria en gloria"* (2 Corintios 3:18). Es como si colocáramos un ladrillo sobre otro con el fin de construir una pared, y luego seguimos el mismo proceso para levantar la próxima pared, hasta que terminamos de construir la casa por completo.

Sin embargo, cuando ponemos los "bloques" de oración, no utilizamos simplemente un ritual que repetimos de memoria, ni presentamos nuestras peticiones de manera mecánica; porque entonces haríamos lo que la Biblia describe como *"vanas repeticiones"* (Mateo 6:7). Por el contrario, cada vez que oramos, Dios nos da más revelación de Su Palabra y Sus propósitos, y hacemos oraciones frescas según Él nos va revelando. A ese patrón, que a menudo se menciona o ilustra en la Biblia, podemos llamarle "orad sin cesar". (Vea, por ejemplo, 1 Tesalonicenses 5:17; Salmos 88:1; Nehemías 1:4; Hechos 12:5; Romanos 1:9; 2 Timoteo 1:3). En este capítulo, quiero enseñarle cómo construir o crear el impulso que trae el rompimiento en la oración.

Por medio de la oración constante, entramos en el impulso sobrenatural

Siguiendo con el ejemplo de la construcción de una casa, la perseverancia establece las bases o cimientos para las siguientes fases de la construcción. Cuando somos constantes en la oración, el Señor puede obrar en nuestra vida, porque la constancia hace que entremos en el impulso sobrenatural del Espíritu Santo, quien trae los planes de Dios a la existencia. Claro que, cuanto más perseveramos en la oración, más cerca estamos de ver una manifestación repentina de lo sobrenatural. Esto explica por qué, una persona que ora de continuo, cuando comienza a declarar algo de acuerdo con la voluntad de Dios, aquello sucede de inmediato. Porque está respaldada por el impulso que ha desarrollado en su tiempo de oración. Recuerde que tales resultados no se logran de la noche a la mañana; primero debemos persistir en fe y oración.

Como señalé anteriormente, Jesús enfatizó esta realidad a Sus discípulos: *"También les refirió Jesús una parábola sobre la necesidad de orar siempre, y no desmayar"* (Lucas 18:1). Este versículo nos trae a la mente dos verdades importantes que vale la pena estudiarlas aquí. ¿Por qué deberíamos siempre orar? Primero, la oración es necesaria porque, a través de ella desarrollamos nuestra relación con el Padre. Así como nuestro cuerpo necesita alimento para mantener su salud y fortaleza, nuestro espíritu y alma necesitan oración para mantenerse fuertes y saludables. En oración, podemos recibir la instrucción, guía y amor del Padre, y podemos ser advertidos de los ataques del enemigo, a fin de contrarrestarlos. También, en oración, nuestros ojos espirituales son abiertos, de manera que podemos ver dentro del ámbito sobrenatural, atar y desatar de acuerdo con la voluntad divina, y ganar batallas espirituales que nos lleven a manifestar el poder de Dios en la tierra.

Segundo, la oración no debe abandonarse. Hay milagros que no sucederán, situaciones que no se resolverán, y puertas que no se abrirán, a menos que persistamos en oración y ejerzamos tanta presión en el Espíritu que logremos alcanzar un rompimiento que desate el poder de Dios sobre nuestras vidas. De nuevo, uno de los mayores problemas en la iglesia hoy es la falta de perseverancia. Muchas personas —hombres y mujeres, adultos, jóvenes e individuos de todas las razas y culturas— empiezan cosas, pero nunca las terminan. Tenemos que terminar lo que comenzamos, y terminarlo bien. Cada vez que abandonamos una actividad, no vemos la plenitud de la misma. La falta de perseverancia trae muchas consecuencias. Por ejemplo, en base a mis propias experiencias, me atrevo a decir que muchas personas dejan de tener compañerismo con otros creyentes cuando abandonan su vida de oración. Eso debilita su propia fe y lastima al cuerpo de Cristo.

> Quien no tiene perseverancia espiritual no tendrá una vida de oración duradera.

Hemos visto que el diablo quiere interrumpir el ritmo de lo sobrenatural en nosotros. Si Satanás logra interferir el ritmo de sus oraciones, puede hacer que las cosas por las que usted ha estado orando no se manifiesten. Muchas personas no llegan a ver su milagro porque el ritmo se detuvo justo cuando la respuesta estaba a punto de manifestarse. El enemigo usa varios métodos para hacernos perder el ritmo; por ejemplo, desvía nuestra atención hacia los afanes de la vida, hace que nos enfoquemos en nuestras propias desilusiones, o que vivamos preocupados porque nuestras peticiones tardan demasiado en ser contestadas. El diablo está listo para robar nuestras bendiciones a la menor distracción. Por eso, es tan importante desarrollar perseverancia y resistencia espiritual. La mejor manera de detener al enemigo es orando sin cesar. Los apóstoles aprendieron este principio y se aseguraron de enseñarlo en todas las congregaciones que iban formando. De ahí que los nuevos cristianos *"perseveraban en la doctrina de los apóstoles, en la comunión unos con otros, en el partimiento del pan y en las oraciones"* (Hechos 2:42). Pablo les pidió a los cristianos en Roma que se mantuvieran *"gozosos en la esperanza; sufridos en la tribulación; constantes en la oración"* (Romanos 12:12).

¿Alguna vez ha tenido la experiencia de orar continuamente por un largo período de tiempo, pero de repente dejó de hacerlo, y cuando quiso agarrar el ritmo de antes, se le hizo muy difícil retomarlo? La razón es que usted perdió el ritmo espiritual de la oración. No obstante, sin importar qué tan difícil parezca, le insto a volver a orar sin cesar. Puede entrar en ese ritmo nuevamente y comenzar una vez más a construir un impulso en la oración.

La perseverancia establece un hábito, desarrolla un ritmo y desata rompimiento; pero orar sin cesar sostiene la bendición.

La presión en el espíritu rompe la materia

La manera más sencilla como puedo describir la perseverancia en la oración, es ilustrándola con una gota de agua cayendo constantemente sobre una roca. La pequeña gota de agua parece inofensiva comparada con la enorme roca; sin embargo, con el tiempo, el agua empieza a carcomer la superficie de la roca hasta que, sorprendentemente, logra perforarla. Lo mismo sucede en el ámbito espiritual. La perseverancia en la oración puede hacer que la dificultad o circunstancia más fuerte, ceda y se rompa.

Este es el patrón que los primeros cristianos aplicaron cuando el rey Herodes envió a Pedro a prisión. *"Así que Pedro estaba custodiado en la cárcel; pero la iglesia hacía sin cesar oración a Dios por él"* (Hechos 12:5). Los creyentes clamaron, poniendo demanda al cielo por Pedro, en base a la voluntad de Dios para él. Pedro estaba a punto de ser ejecutado, pero la demanda de la iglesia lo mantuvo vivo para que su propósito apostólico fuera cumplido.

> *Y cuando Herodes le iba a sacar, aquella misma noche estaba Pedro durmiendo entre dos soldados, sujeto con dos cadenas, y los guardas delante de la puerta custodiaban la cárcel. Y he aquí que se presentó un ángel del Señor, y una luz resplandeció en la cárcel; y tocando a Pedro en el costado, le despertó, diciendo: Levántate pronto. Y las cadenas se le cayeron de las manos. Le dijo el ángel: Cíñete, y átate las sandalias. Y lo hizo así. Y le dijo: Envuélvete en tu manto, y sígueme. Y saliendo, le seguía; pero no sabía que era verdad lo que hacía el ángel, sino que pensaba que veía una visión. Habiendo pasado la primera y la segunda guardia, llegaron a la puerta de hierro que daba a la ciudad, la cual se les abrió por sí misma; y salidos, pasaron una calle, y luego el ángel se apartó de él.* (Hechos 12:6–10)

En los tiempos modernos, hemos visto a muchos hombres y mujeres de Dios partir de este mundo, se han ido con el Señor antes de tiempo porque enfermaron o sufrieron algún accidente, y la iglesia no se puso de acuerdo para orar por ellos. Si usted conoce algún caso como los que acabo de describir, ponga demanda en los cielos a fin de que ese hombre o mujer de Dios sea preservado, y que el Señor extienda Su brazo de poder y ocurra una sanidad o liberación sobrenatural.

Orar sin cesar provoca una manifestación física.

La clave está en no detener el impulso en la oración, porque ciertamente el rompimiento vendrá. Las oraciones por Pedro fueron tan persistentes que trajeron liberación desde el ámbito de lo invisible a lo visible. No importó qué tan gruesas eran las paredes de la prisión, qué tan sólidas las barras de su celda, qué tan fuertes las cadenas que lo sujetaban, ni cuántos guardias estaban vigilándolo; cuando la iglesia oró, lo sobrenatural tuvo preeminencia y gobernó por encima de lo natural. La oración nos lleva a una dimensión donde las cadenas pueden ser rotas, las paredes atravesadas y las edificaciones —al igual que las vidas— sacudidas; como les sucedió a los creyentes después que Pedro y Juan fueran liberados de la prisión. Acerca de esto, la Escritura relata que *"cuando hubieron orado, el lugar en que estaban congregados tembló; y todos fueron llenos del Espíritu Santo"* (Hechos 4:31).

Está claro que, en el ámbito de la oración, las leyes naturales pueden detenerse y las leyes espirituales tomar el control. El tercer capítulo del libro de Daniel nos relata la historia de tres jóvenes hebreos que mantenían un estilo de vida de oración al único y verdadero Dios; ellos fueron arrojados a un horno de fuego por negarse a adorar la estatua de oro que el rey Nabucodonosor se había erigido a sí mismo, o adorar cualquiera de sus muchos dioses. Aquí, de nuevo, lo sobrenatural superó a lo natural, porque, por más que los verdugos subían la temperatura del horno, los jóvenes no se quemaban. Todo lo contrario, caminaban libremente en medio del fuego. El asombro y espanto del rey al ver esto fue tal, que le dijo a los de su consejo: *"¿No echaron a tres varones atados dentro del fuego?... He aquí yo veo cuatro varones sueltos, que se pasean en medio del fuego sin sufrir ningún daño; y el aspecto del cuarto es semejante a hijo de los dioses"* (Daniel 3:24–25).

Asimismo, el profeta Daniel, quien *"se arrodillaba tres veces al día, y oraba y daba gracias delante de su Dios, como lo solía hacer antes"* (Daniel 6:10), vio directamente cómo el mundo físico se inclinó delante del espiritual cuando, por adorar a Dios, fue arrojado a un foso lleno de leones hambrientos. Aunque lo dejaron con los leones la noche entera, Dios guardó su vida.

Y acercándose [el rey Darío] *al foso llamó a voces a Daniel con voz triste, y le dijo: Daniel, siervo del Dios viviente, el Dios tuyo, a quien tú continuamente sirves, ¿te ha podido librar de los leones? Entonces Daniel respondió al rey: Oh rey, vive para siempre. Mi Dios envió su ángel, el cual cerró la boca de los leones, para que no me hiciesen daño, porque ante él fui hallado inocente; y aun delante de ti, oh rey, yo no he hecho nada malo. Entonces se alegró el rey en gran manera a causa de él, y mandó sacar a Daniel del foso; y fue Daniel sacado del foso, y ninguna lesión se halló en él, porque había confiado en su Dios.* (Daniel 6:20–23)

Si queremos cambiar el estado de enfermedad, pobreza, depresión o maldición en que vive la gente, necesitamos crear suficiente impulso en el Espíritu, a través de la oración, hasta que alcancemos el punto en que las leyes del mundo físico y las normas de la experiencia humana dejen de ser significativas. Yo declaro que ahora mismo, mientras lee este libro, se rompen cadenas de adicción, depresión, cáncer y pobreza en su familia. Toda maldición sobre usted y su casa se destruye ahora, ¡en el nombre de Jesús!

> En el ámbito de la oración, las leyes naturales pueden quedar en suspenso, mientras las leyes espirituales asumen el control.

La perseverancia genera impulso en el ámbito espiritual

En la dimensión natural, el impulso es la fuerza, el poder o la potencia que gana un objeto mientras está en movimiento. Durante ese impulso, hay un punto en el cual dicho objeto alcanza su máxima potencia. Por ejemplo, cuando un atleta de salto largo alcanza su máximo impulso, da su mejor salto. Asimismo, en el plano espiritual, cuando oramos de continuo, alcanzamos la medida precisa de oraciones acumuladas que lleva la atmósfera espiritual a su plenitud, produciendo un impulso sobrenatural que trae el rompimiento.

Jesús sabía que, para producir milagros, tenía que provocar un impulso espiritual. Por eso *"él se apartaba a lugares desiertos, y oraba. …y el poder del Señor estaba con él para sanar"* (Lucas 5:16–17). Jesús operaba en el espíritu de incremento, el cual siempre busca más de Dios —más acumulación, más crecimiento, más expansión—. Hoy, debemos orar más y con mayor revelación que ayer, hasta que alcancemos el máximo impulso necesario. Muchos no reciben respuesta a sus oraciones porque se han quedado atrapados en el pasado, orando las mismas cosas todo el tiempo; pero, como ya expliqué, los creyentes —ya sea como individuos o como cuerpo— deberían orar siempre algo fresco, a fin de añadir algo nuevo a la atmósfera espiritual. Esto suma al impulso, hasta que alcanza su plenitud.

> La oración persistente y continua mantiene la actividad sobrenatural en una iglesia.

Si usted ha perseverado en oración, sin desmayar, ahora tiene suficiente impulso espiritual para declarar lo que quiere que suceda. Sus oraciones han generado el poder para traer cambio. En el Ministerio El Rey Jesús, tenemos intercesores orando veinticuatro horas al día, y cuando un turno termina, las personas del próximo turno deben estar en el mismo espíritu que los intercesores anteriores y entrar con el mismo impulso que ya ha sido edificado, para seguir añadiendo a la atmósfera espiritual. Es como una carrera de relevos en la que el primer corredor está completando su vuelta, y el próximo corredor tiene que alcanzar la misma velocidad para recibir la posta sin contra-tiempos y sin interrumpir el ritmo. Si usted está orando en un grupo por algo en particular, no deje de orar hasta que la persona que sigue entre en la oración con el mismo impulso que usted lleva. De ese modo verá milagros, porque la atmósfera estará llena, y se habrá creado el necesario impulso espiritual para obtener un rompimiento.

> La iglesia debe generar suficiente impulso en oración para dar a luz a las cosas nuevas que Dios quiere hacer. Si nada nuevo ocurre, es porque no hay impulso espiritual.

Creamos impulso espiritual cuando alabamos y adoramos a Dios, también cuando oramos, ofrendamos y hacemos declaraciones de fe, porque todo se acumula en el Espíritu y empuja hacia el rompimiento. Cuando dejamos de edificar la atmósfera, el impulso se detiene. Por eso debemos mantener la atmósfera creciendo hasta que llegue a la plenitud. Los actos de fe también contribuyen a generar el impulso. Por ejemplo, cuando alguien predica sobre milagros, pero no demuestra lo que está predicando, llevando a la gente a hacer un acto de fe correspondiente, el impulso se detiene. Quiere decir que cuando pasamos de la palabra a la acción, también estamos edificando un impulso.

Otro factor que genera impulso para la manifestación de milagros es una respuesta positiva de fe de parte de un grupo de personas. Lo opuesto le ocurrió a Jesús cuando entró a Su ciudad, donde encontró muy poca fe y donde no fue bien recibido. *"Y no pudo hacer allí ningún milagro, salvo que sanó a unos pocos enfermos, poniendo sobre ellos las manos"* (Marcos 6:5). La atmósfera espiritual en el pueblo de Jesús estaba tan seca que no pudo conducir el poder que Él cargaba. Jesús llegó empoderado por la oración, listo para hacer milagros, pero se encontró con un pueblo apático que rechazó Su ministerio, y se perdió de recibir las respuestas a sus necesidades.

El impulso produce rompimiento

Es en el contexto de la segunda venida de Cristo que la Biblia nos instruye, *"orad sin cesar"* (1 Tesalonicenses 5:17). Jesús viene por una iglesia que ora, y que lo hace continuamente. Todo comienza con la consistencia, la persistencia y la perseverancia, lo cual produce un impulso; y el impulso es lo que trae rompimiento. Cuando el rompimiento ocurre, se rompen los yugos y caen las cadenas; en todas partes las personas son sanadas, liberadas y se manifiestan los milagros. Cuando las oraciones acumuladas producen un rompimiento en el ahora, los muros de oposición son desmantelados, las limitaciones removidas y las fortalezas derribadas.

Así que, de nuevo, si usted ha acumulado oraciones, profecías, ofrendas y ayunos; si usted ha sembrado en el reino y ha dado para los necesitados; si conoce las promesas contenidas en la Palabra de Dios y las ha atesorado en su corazón, entonces las nubes están llenas y listas para derramar sus reservas de bendiciones, milagros y prodigios. Recuerde, *"si las nubes fueren llenas de agua, sobre la tierra la derramarán"* (Eclesiastés 11:3). Sí, créalo, si usted ha hecho todas estas cosas, es imposible que el rompimiento *no* suceda. Su bendición está a punto de ser derramada. ¡Estos son los tiempos de rompimiento! ¡Basta de demoras!

Activación

Amado lector, todas las herramientas para lograr un rompimiento han sido puestas en sus manos. Solo le queda perseverar en oración hasta que las compuertas de los cielos sean abiertas sobre su vida, hasta que todo ataque del enemigo cese, hasta que sus hijos vuelvan a casa, hasta que su matrimonio sea restaurado, hasta que su ministerio sea activado, hasta que las profecías sobre su vida y ministerio se cumplan, hasta que encuentre su esposo(a), hasta que su vientre sea fructífero, hasta que su negocio produzca ganancias y se desate la prosperidad, hasta que todos y cada uno de los planes de Dios para su vida, y para toda la tierra, se hayan cumplido.

Testimonios de oraciones de rompimiento

Permítame compartirle algunos testimonios personales de oraciones contestadas, para que usted entienda mejor cómo lograr un rompimiento. Hace aproximadamente unos 25 años atrás, conocí a una mujer anciana cuyo llamado era la intercesión de rompimiento. Ella me explicó cómo opera este tipo de oración. Por ejemplo, de repente, Dios la guiaba a interceder por una persona o situación; algo en su espíritu la movilizaba, y sin saber exactamente de qué se trataba, ella comenzaba a orar de continuo. A veces, oraba una o dos horas, otras veces, seguía orando por días, semanas, incluso meses; hasta que sentía el rompimiento. Un día, ella le preguntó a Dios, "¿Por qué pones cargas sobre mí para orar por tanta gente distinta?" y Su respuesta fue, "Porque no tengo otras personas que oren como lo haces tú. Hay unos a quienes les doy la carga, pero no oran hasta lograr el rompimiento". En cierta ocasión, Dios la movió a orar por un hombre en particular. Ella oró hasta que sintió el rompimiento. Una semana después, se enteró que ese hombre había estado envuelto en un terrible accidente con un camión y que nadie se explicaba cómo había sobrevivido. Entonces, ella entendió por qué había tenido que orar tanto por él.

En mi caso, desde el momento en que me convertí a Cristo entendí que, sin la oración, no podía tener una relación con Dios ni cambiar las circunstancias negativas o situaciones imposibles que enfrentaba en mi vida. Supe que solo a través de la oración podía gobernar sobre el mundo físico y tener victorias en el Espíritu. Siendo un nuevo cristiano, todavía no sabía muy bien cómo orar; pero buscaba a Dios con pasión. Un día, comencé a sentir una gran carga espiritual por la salvación de mi familia. En ese tiempo, llevaba solo unos pocos meses siendo creyente, y era el único en mi familia que era cristiano. Pero la carga por mi familia me movió a orar, ¡y pasé tres días ayunando y orando sin cesar! Sin saber lo que estaba haciendo, empecé a orar en lenguas, con perseverancia, por la salvación de mi familia.

Al pasar el primer día, la situación seguía igual; luego pasó el segundo día, sin noticias de salvación. Solo hasta el tercer día pude lograr un impulso espiritual. Sentí que algo se estaba rompiendo y un cambio comenzó a venir. Esa perseverancia espiritual había producido un impulso, y me llevó a experimentar un rompimiento. Entonces, sentí un gozo incontenible —tanto, que comencé a reír sin parar—. Escuché la voz de Dios diciéndome, "Tu familia está en Mis manos". En un período de seis meses, toda mi familia vino a los pies de Cristo.

Una de las señales de que ha ocurrido un rompimiento es que vienen sobre usted abundante paz, gozo y risa.

A lo largo de mi ministerio he podido lograr una gran cantidad de rompimientos por medio de la oración, tanto a nivel personal como ministerial. Por ejemplo, cuando mi esposa y yo comenzamos a pastorear la iglesia en Miami, muchos nos dijeron que la ciudad estaba bajo una maldición. Brujos africanos, haitianos y cubanos habían hecho pactos de ocultismo y decretado que Miami era "el cementerio de los pastores". Como consecuencia, cuando la congregación de una iglesia excedía las dos mil personas, el pastor moría, le daba cáncer o caía en pecado, y entonces, la iglesia cerraba. No importaba si la congregación estaba formada por anglosajones, hispanos o afroamericanos; la iglesia caía. Por aquel tiempo, nuestra iglesia estaba llegando a ese número, pero nosotros no estábamos dispuestos a dejarnos vencer.

Una noche, tuvimos una vigilia de oración con todo el liderazgo desde las ocho de la noche hasta las tres de la madrugada. Ejercimos tanta presión en el espíritu, y la atmósfera se cargó de tal forma que, de repente, escuchamos un sonido como el que hace un auto de carrera cuando hace un cambio de velocidad. Fue una aceleración en el espíritu que todos pudimos escuchar y sentir. Entonces Dios me dijo: "¡La maldición sobre la ciudad ha sido rota!". A partir de ese día, el crecimiento de la iglesia se disparó. A lo largo de los años, hemos multiplicado ese número más de cinco veces. Pero eso no es todo. Hoy, Miami cuenta con varias iglesias con más de cinco mil miembros, gracias a ese rompimiento que logramos en el Espíritu. La atmósfera de la ciudad cambió y la maldición se rompió, como resultado de una oración perseverante. Gracias a la presión que ejercimos en el espíritu, ahora disfrutamos de libertad espiritual y del crecimiento del evangelio en la ciudad de Miami.

Sin embargo, tales rompimientos no están ocurriendo sólo a nivel local, porque mi llamado siempre ha incluido llevar el poder sobrenatural de Dios a todas las naciones de la tierra. Antes de ser pastor, viajé a casi todos los países de Latinoamérica, como evangelista, predicando el mensaje de Jesús. Una vez establecimos el ministerio en Miami, Dios me dijo que me iba a abrir el continente africano. Así que comencé a orar sin cesar en esa dirección. Algunas puertas se abrieron, pero sentí que no era Dios quien las había abierto; era como si la atmósfera no fuera la correcta para ir. Así que seguí orando. Un día, alguien me invitó a una cadena de televisión para manifestar el poder de Dios, y ¡allí comenzó el rompimiento! Dios usó esa puerta para darme acceso a África. Después de tantos años de oración, por Su gracia, hoy llevamos más de una década haciendo cruzadas en ese continente, reuniendo cada vez más de un millón de personas para que escuchen la Palabra de Dios.

En los últimos dos años, también he ganado acceso a Etiopía, gracias a mi hijo espiritual, el Apóstol Tamrac. ¡En esas cruzadas hemos visto más de un millón de personas recibir a Cristo en sus corazones! Hemos registrado cientos de testimonios de la manifestación del poder de Dios, aunque sabemos que hay muchos más. Además, hemos visto multitudes ser libres de ataques demoniacos, recibir milagros y sanidades; y ser activados en el poder sobrenatural de Dios. Ahora, otras naciones tienen hambre por ver el mover del Espíritu. Nuestro programa de TV se difunde en todo el continente africano y millones son tocados y transformados por Dios. Una vez más, éste es el resultado de haber perseverado en oración, hasta que el continente africano se abrió para que podamos ir a predicar el evangelio del reino.

Otro rompimiento fue nuestra entrada al continente asiático. Dios me había dicho que abriría un portal en Asia para que llevara Su evangelio. Apenas recibí esa palabra, comenzamos a orar sin cesar hasta verlo suceder. Ahora mismo, estamos en la televisión de China, y hemos ido a Taiwán, Malasia y Hong Kong, llenando estadios y haciendo conferencias para que miles de personas sean salvas y transformadas. Malasia es un país cuya población es ochenta por ciento musulmana, pero la oración perseverante produjo el rompimiento espiritual que nos permitió predicar allí al Dios verdadero, para salvación de muchos. En las últimas reuniones en Malasia, más de cuarenta mil personas se reunieron en un estadio, durante dos noches. Una noche, el poder de Dios levantó a veintiún personas inválidas de sus sillas de ruedas, ¡sin que nadie las tocara, solo el Espíritu Santo! Las reuniones en Hong Kong también fueron poderosas, con una asistencia cercana a las ocho mil personas. Esos rompimientos en Asia han ocurrido gracias a mis oraciones y las oraciones de mi esposa, de mi equipo de pastores y de mis hijos espirituales alrededor del mundo, así como a la fidelidad de muchos otros, quienes con perseverancia oran e interceden por nosotros.

Amado lector, es posible lograr rompimientos de este tipo no solo en los Estados Unidos, Asia o África, sino en cualquier país o continente en que usted viva. Es posible lograr rompimientos en su país, su iglesia, su familia, su matrimonio, su negocio, sus estudios y en cualquier área de su vida.

No podemos desmayar ni darnos por vencidos. Si perseveramos, empujamos y creamos impulso —aunque en el momento veamos que nada está pasando—, si seguimos orando en lenguas, ofrendando y haciendo actos de justicia, todos los días y en todo tiempo, veremos el avivamiento más grande que jamás hayamos presenciado en nuestra vida, en nuestras ciudades y naciones, hasta los confines de la tierra. La clave es perseverar en la oración, tener una testarudez santa que nos motive a no detenernos hasta generar el impulso necesario; un impulso que traerá rompimiento, que sobrepasará los límites espirituales y nos empujará a ir al otro lado de lo que nos estaba deteniendo. ¡Todo esto es posible!

Podría darle más testimonios de rompimientos, de hombres y mujeres de negocios que recibieron provisión y favor, de matrimonios que fueron sanados y fortalecidos, de familias que fueron restauradas, y de hijos que no solo fueron arrancados de las garras del mundo y volvieron a la casa, sino que fueron transformados radicalmente por el poder de Dios. En todos estos casos, la perseverancia hizo que los obstáculos y la oposición en los ámbitos físico y espiritual cedieran, y se activara un cambio en las mentes y corazones de la gente. ¡Todos estos rompimientos también están disponibles para usted, amado lector!

Mi oración es que el Señor le dé gracia y favor para no darse por vencido o dejar de interceder. Oro para que las pérdidas, el desánimo, la persecución y la crítica no lo hagan abandonar la oración, sino que, por el contrario, lo impulsen a orar hasta ver el rompimiento y recibir todo lo que Dios le ha prometido. ¡No se dé por vencido! ¡Persevere hasta alcanzar el rompimiento!

10

VELANDO Y ORANDO POR EL REGRESO DE CRISTO

"Velad, pues, en todo tiempo orando que seáis tenidos por dignos de escapar de todas estas cosas que vendrán, y de estar en pie delante del Hijo del Hombre".
—Lucas 21:36

La noche anterior a su crucifixión, Jesús fue al huerto de Getsemaní a orar, como acostumbraba a hacerlo. (Vea Mateo 26:36; Lucas 22:39). Getsemaní, ubicado en el Monte de los Olivos, quiere decir "prensa de aceite" y hace referencia a un lugar donde se exprimían las aceitunas para extraerles el aceite. Fue en ese terreno donde Jesús fue prensado al máximo, donde fue tentado a abandonar Su propósito, donde Su angustia fue tan grande que hasta sudó gotas de sangre. También fue el lugar donde Él rindió Su voluntad para hacer la voluntad del Padre. Si bien Su muerte física ocurrió en el Gólgota, fue en Getsemaní donde Jesús venció a la muerte, porque, conociendo en el Espíritu todo lo que habría de padecer, tomó la firme decisión de entregar Su vida voluntariamente para redimir a la humanidad del pecado.

Jesús ciertamente sabía lo que iba a enfrentar en la cruz al día siguiente, por eso les dijo a Sus discípulos: "*Sentaos aquí, entre tanto que voy allí y oro. Y tomando a Pedro, y a los dos hijos de Zebedeo, comenzó a entristecerse y a angustiarse en gran manera*" (Mateo 26:36–37). Toda la humanidad de Jesús queda evidenciada en las emociones que Él manifestó, y en Su deseo de tener a su lado a Sus tres discípulos más cercanos, a fin de apoyarlo durante ese tiempo de crisis. Sin embargo, ellos no entendieron lo que su Maestro les pedía y se quedaron dormidos.

El mandato de Cristo es "velad y orad".

Veamos el cuadro completo de la situación en la que Jesús les dijo a Sus discípulos que velaran y oraran. Su ministerio en la tierra estaba a punto de finalizar; Jesús sabía que no le quedaba mucho tiempo y que sería traicionado, porque el Padre se lo había revelado en oración. Él tomó a tres de sus discípulos y les pidió que velaran mientras Él oraba. El relato continúa:

> *Yendo un poco adelante, se postró sobre su rostro, orando y diciendo: Padre mío, si es posible, pase de mí esta copa; pero no sea como yo quiero, sino como tú. Vino luego a sus discípulos, y los halló durmiendo, y dijo a Pedro: ¿Así que no habéis podido velar conmigo una hora?* **Velad y orad,** *para que no entréis en tentación; el espíritu a la verdad está dispuesto, pero la carne es débil. Otra vez fue, y oró por segunda vez, diciendo: Padre mío, si no puede pasar de mí esta copa sin que yo la beba, hágase tu voluntad. Vino otra vez y los halló durmiendo, porque los ojos de ellos estaban cargados de sueño.* (Mateo 26:39–43)

El mandato que Jesús le dio a Sus discípulos de *"velad y orad"* (similar a Sus mandatos anteriores en Marcos 13:33 y Lucas 21:36 sobre velar y orar por Su segunda venida) era la misma directiva que, muchos años después, los apóstoles Pablo y Pedro le dieron a la iglesia primitiva. (Vea Efesios 6:18; 1 Pedro 4:7). También es el mandato que los discípulos de Cristo debemos seguir ahora, en los últimos tiempos. ¡Velad y orad!

> Cuando Dios da un mandato, es porque no existe otra opción.

¿Qué significa "velad y orad"?

Jesús les pidió a Sus discípulos que velaran y oraran para que no fueran tentados a salirse de la voluntad del Padre. La palabra *"velad"* implica estar espiritualmente despierto. Indica que hay que poner estricta atención, ser cautelosos, estar listos, preparados y alertas. Significa discernir, percibir, y estar en el Espíritu. El poder ver en el ámbito espiritual es un don del derramamiento del Espíritu Santo. Esa habilidad es muy importante en la oración, especialmente en los últimos tiempos.

Velar es un complemento de orar, donde uno condiciona al otro. No es posible orar sin estar alerta, y no es posible velar sin el respaldo de la oración. Cuando velamos, nada nos toma por sorpresa, porque nuestros sentidos espirituales están vigilantes. Somos como un radio cuyo sintonizador o dial está ubicado en la posición correcta para recibir la señal transmitida desde una estación difusora. Si nos mantenemos sintonizados con el cielo, siempre sabremos cómo orar y cómo actuar.

Cuando velamos, somos también como centinelas apostados en altas torres, donde tenemos dominio visual de los alrededores; esto nos permite identificar y anticipar cualquier acercamiento del enemigo, para que nuestra ciudad o nuestra casa pueda defenderse a tiempo. La nación de Israel está en estado de alerta permanente debido a los constantes ataques de sus enemigos. Por esa razón, su sistema de vigilancia es uno de los más sofisticados del mundo, con radares modernos y centinelas altamente entrenados. Si no tuvieran ese sistema de vigilancia, su territorio podría ser bombardeado hasta quedar completamente devastado. Espiritualmente, necesitamos estar en ese mismo nivel de alerta y preparación constante.

Un ejército sin capacidad de vigilancia está operando a ciegas, porque no puede anticipar ningún ataque.

En el Antiguo Testamento, el profeta Habacuc entendió el propósito de la "torre de oración", por eso dijo, "*Sobre mi guarda estaré, y sobre la fortaleza afirmaré el pie, y velaré para ver lo que se me dirá*" (Habacuc 2:1). Si una iglesia carece de esa torre de oración, no puede interceptar los planes del enemigo para atacarla. Por eso, yo creo que una de las asignaciones de los profetas de nuestro tiempo es ser centinelas o guardianes del muro. "*Sobre tus muros, oh Jerusalén, he puesto guardas; todo el día y toda la noche no callarán jamás. Los que os acordáis de Jehová, no reposéis*" (Isaías 62:6). Igual que aquellos guardianes, a través de la oración, los profetas reciben estrategias para la batalla espiritual que debe librar la iglesia, porque ellos pueden ver la actividad del enemigo y saben cómo contrarrestarla.

La oración profética consiste en orar a partir de lo que se percibe y se ve en el espíritu.

Velar también implica anticipar o estar a la expectativa. Velamos esperando ver a Dios obrar, porque confiamos que aquello que declaramos en oración lo veremos manifestado. Una vez más, veamos la importancia de vivir a la expectativa cuando oramos. Porque si no anticipamos respuesta alguna, ¿entonces para qué hacemos peticiones? Incluso podría ocurrir que el Señor responda su oración, y que usted no vea la respuesta porque, cuando usted pierde la expectativa, deja de velar por la manifestación. Por eso necesitamos la capacidad de percibir y ver en el Espíritu. Entre más usted vela, más espiritualmente sensible se vuelve, y más consciente está de lo que sucede a su alrededor en el ámbito espiritual. Su visión espiritual se hace más clara.

> Debemos orar en base a lo que percibimos y vemos en el espíritu, y mantenernos alerta a lo que vamos a recibir de Dios.

Jesús no dijo "oren y velen" sino *"velen y oren"*, en ese orden; porque si velamos, estaremos en buena posición para orar efectiva y poderosamente. Aún más, nuestras oraciones dejarán de ser monótonas, cargadas de palabras vacías que provienen de nuestra mente, pero no proceden del corazón, ni cargan la revelación del Espíritu. ¿Por qué algunas personas sienten que la oración es aburrida? Porque sus oraciones están llenas de "vanas repeticiones", sin entusiasmo ni expectativa. Las vanas repeticiones son "oraciones de relleno", con frases fáciles de decir, que nos mantienen en nuestra zona de comodidad y de lo que conocemos. Usted necesita salir de esa zona con urgencia y empezar a orar lo que está viendo espiritualmente. Por ejemplo, hoy, comience diciéndole a Dios algo que nunca le haya dicho; háblele como a un Padre, e inmediatamente notará la diferencia.

La percepción espiritual es la habilidad de ver hacia adentro y hacia adelante.

Recuerde que Dios quiere que usted ore de acuerdo con lo que percibe. Velar y orar es declarar la mente de Dios. A medida que ora, empezará a ver más y más, por lo que debe seguir declarando y decretando conforme a todo lo que ve. Con frecuencia el Señor nos habla a través de sueños y visiones, y como iglesia, somos responsables de velar y orar para interpretarlos correctamente.

¿Velando o durmiendo?

Jesús le ha dado a la iglesia el mandato de velar y orar. ¡No hay alternativa! Después que nuestro Señor terminó de orar en el huerto de Getsemaní, Él *"vino otra vez* [a Sus discípulos] *y los halló durmiendo, porque los ojos de ellos estaban cargados de sueño"* (Mateo 26:43). Desde la perspectiva de Dios, cuando no velamos, estamos dormidos espiritualmente. Mi pregunta es, si lo que le está pidiendo a Dios es tan importante, ¿por qué se "duerme" mientras está orando por eso?

¿Qué significa estar dormidos en el espíritu? Es ser insensibles a lo que está sucediendo a nuestro alrededor. Peor aún, es ser fríos o indiferentes ante la presencia de Dios; es romper el vínculo de comunión con Él, mostrando apatía o falta de interés por las cosas del Espíritu, lo cual resulta en desconexión, separación y distanciamiento de Él.

Nuestra asignación, durante la oración, es ser los centinelas de nuestra familia, de nuestra iglesia y de las cosas de Dios. Un ladrón nunca entrará a una casa si sabe que está vigilada. De la misma forma, si Satanás y sus demonios están planeando atacarlo, pero ven que usted está vigilante y enterado de su complot, no podrán entrar a su territorio. Usted percibirá cuando están tratando de invadirlo, y podrá detenerlos o activar las alarmas. De una u otra forma, el enemigo se dará cuenta que el acceso está bloqueado y tendrá que huir. Pero si usted es como los discípulos que Jesús llevó a Getsemaní para velar con Él —quienes, en lugar de orar, se quedaron dormidos—, usted dejará el acceso abierto y no podrá resistir al enemigo.

Podemos concluir que, debido a que los discípulos no pudieron velar, sino que se dejaron llevar por el sueño, terminaron cayendo en tentación cuando Jesús fue arrestado y crucificado. Con tristeza debo admitir que esta es la condición de la iglesia de Cristo hoy. Está dormida, insensible a los tiempos que vivimos, a los movimientos del Espíritu, a las necesidades de la gente, y a la forma como el enemigo está trabajando. En consecuencia, muchos cristianos están propensos a caer en tentación. Después de haber viajado por muchos países predicando la Palabra de Dios y luego de ver la condición de la iglesia, mi conclusión es que el cuerpo de Cristo no está preparado para Su segunda venida.

> Si no estamos velando y orando, no estamos listos para el regreso de Jesús.

En el evangelio de Lucas, Jesús habló sobre Su segunda venida, diciendo, *"Mirad también por vosotros mismos, que vuestros corazones no se carguen de glotonería y embriaguez y de los afanes de esta vida, y venga de repente sobre vosotros aquel día"* (Lucas 21:34). Aquí Jesús enumera algunas de las cosas que nos hacen estar dormidos espiritualmente; es lo opuesto de tener un espíritu alerta y vigilante. El enemigo busca invadir los territorios de nuestra salud, matrimonio, hijos, finanzas y hasta nuestra vocación, pero no nos damos cuenta porque no estamos velando. La iglesia no percibe los ataques satánicos contra ella porque está dormida. ¿Cómo podemos decir que estamos listos para recibir a Cristo en Su segunda venida si ocupamos la mayor parte de nuestro tiempo resolviendo los problemas que nos vienen porque no hemos velado ni orado?

El diablo solo puede atacar su vida cuando usted no vela, porque todo lo que anticipa, lo puede prevenir.

La parábola de las vírgenes prudentes y las insensatas

En la parábola de las diez vírgenes, en Mateo 25, las cinco vírgenes insensatas tenían lámparas iguales a las que tenían las cinco vírgenes prudentes. Esto significa que, hasta cierto punto también fueron sensatas. Espiritualmente hablando, alguna vez tuvieron una relación con Dios y sus lámparas se llenaron con el aceite del Espíritu. Pero dejaron de velar y, sin darse cuenta o sin importarles, el aceite se consumió y no se reabastecieron. Terminaron desconectadas e insensibles al mover de Dios. ¡Se quedaron dormidas! De la misma forma, la iglesia de hoy ha perdido su comunión con Dios; está espiritualmente dormida y no tiene expectativa alguna de volverse a mover. La unción "se agotó" porque el Espíritu Santo fue ignorado o no se le ha dado el espacio suficiente para moverse con libertad y poder en las congregaciones. Lo peor es que ni los líderes ni la gente se dan cuenta de esta carencia, ya que no tienen una relación vital con el Espíritu. Mientras tanto, la iglesia sigue durmiendo sin estar lista para la segunda venida de Cristo.

La peor consecuencia de estar espiritualmente dormidos es que no veremos la segunda venida de Cristo.

Los propósitos de "velad y orad"

En consecuencia, hay dos razones fundamentales por las cuales es esencial que aprendamos a velar y orar de manera creciente y continua.

1. Ver la segunda venida del Señor

En el capítulo 21 de Lucas, Jesús anuncia las señales del fin de la era y de Su regreso. En el versículo 36 advierte, *"Velad, pues, en todo tiempo orando que seáis tenidos por dignos de escapar de todas estas cosas que vendrán, y de estar en pie delante del Hijo del Hombre"*. La segunda venida de Cristo está ligada con la vida de oración de Su iglesia. Por esa razón, Dios está en el proceso de restaurar la vida de oración en la iglesia y nos demanda que aprendamos a velar. ¿Usted cree que Jesús puede venir por una iglesia dormida? ¿Cree que Él puede regresar por una iglesia insensible a Su presencia, que no tiene aceite en su lámpara, que carece de unción y del poder del Espíritu Santo? ¿Piensa que Jesús puede venir por una iglesia que no tiene relación con Él? ¡No! Jesús viene por una novia gloriosa, sin *"mancha ni arruga"* (Efesios 5:27), una que permanece alerta y está lista para manifestar Su poder.

> El Señor vendrá por aquellos que velan y oran; de eso depende la supervivencia de la iglesia.

Es obvio que no velar ni orar trae graves consecuencias a la iglesia. La peor consecuencia es que, como la iglesia en general ha restringido el mover del Espíritu Santo y se ha vuelto insensible a la presencia de Dios, está sorda para oír la voz de Dios y ciega a las estrategias del enemigo. Tener muy buenos predicadores, edificar templos hermosos, producir programas de televisión profesionales, y organizar grandes proyectos de ayuda social, son cosas buenas, pero no le ayudarán a la iglesia a escapar de los terribles acontecimientos de los últimos tiempos. La única manera de que las pruebas y *"la gran tribulación"* (Mateo 24:21) que vendrán sobre la tierra no nos alcancen, es que siempre estemos velando y orando.

Dios no destruirá a los justos con los injustos.

En esencia, la mayor parte de la iglesia no cree realmente en la segunda venida del Señor. ¿Cómo sabemos esto? Porque los creyentes no están velando ni orando; por lo tanto, no pueden anticipar Su regreso. Si creyeran en Su venida, estarían velando y orando sin cesar, como manda la Escritura. Si usted no vela es porque no tiene expectativa de que algo suceda. Solo cuando permanecemos vigilantes y en oración, el Espíritu nos revela que Cristo vuelve pronto.

¡Somos bendecidos de ser la generación que verá la segunda venida de Cristo! Todas las señales se han cumplido. Él está a punto de venir; por eso, tenemos que entender la importancia de velar y orar, ya que solo así estaremos listos para ser *"arrebatados juntamente con ellos en las nubes para recibir al Señor en el aire"* a Su regreso. (Vea 1 Tesalonicenses 4:17).

Debemos velar y orar hasta que Cristo vuelva.

Gracias a Dios, hay un remanente de creyentes que están velando y orando, que viven a la expectativa de Su regreso. Si usted está dormido, ¡no puede seguir así! Usted tiene que estar listo para Su regreso y preparado para irse con Él.

2. Prevenir que caigamos en cualquier tentación del enemigo

No olvide que lo que podemos ver por adelantado, lo podemos prevenir. El enemigo solo podrá atacarnos si nos haya desprevenidos. La tentación usualmente viene en los tiempos de mayor debilidad, y si no estamos vigilantes caeremos en ella. Por eso Jesús les dijo a Sus discípulos, *"Velad y orad, para que no entréis en tentación; el espíritu a la verdad está dispuesto, pero la carne es débil"* (Mateo 26:41).

> **Cuando dejamos de velar, nos volvemos insensibles al Espíritu, comprometemos la verdad, pecamos contra Dios y el enemigo nos derrota.**

Cuando finalmente se despertaron los discípulos a quienes Jesús les había pedido que velaran, el enemigo ya estaba en el lugar, y los soldados y oficiales enviados por los principales sacerdotes y los fariseos se acercaban al Maestro para apresarlo. Todo sucedió tan de repente, que tomó por sorpresa a los discípulos; no sabían qué hacer, porque no habían visto lo que Jesús ya había visto en oración. Solo se limitaron a reaccionar ante la situación, porque no estaban preparados. Por eso, Pedro atacó a un sirviente con su espada y le cortó la oreja derecha, pero Jesús le dijo a Pedro que Su tiempo había llegado, y sanó la oreja del siervo. (Vea, por ejemplo, Juan 18:3–11; Lucas 22:47–51). Todo fue confusión y desolación para los discípulos, porque no habían sido apercibidos en oración.

El diablo sabe cuándo no estamos preparados, porque solo alcanzamos a reaccionar. En contraste, aquellos que velan, no reaccionan, sino que nada les toma por sorpresa, porque están despiertos y preparados. Saben lo que Dios está haciendo, lo que el enemigo intenta hacer, pero también conocen cuál es el próximo paso que deben tomar. El único momento en que el diablo puede acercarse a nuestra vida es cuando ve que estamos desprotegidos, porque no estamos velando. En cambio, cuando estamos vigilantes, disimuladamente retrocede.

> **La tentación y el pecado siempre vienen cuando no velamos.**

No os ha sobrevenido ninguna tentación que no sea humana; pero fiel es Dios, que no os dejará ser tentados más de lo que podéis resistir, sino que dará también juntamente con la tentación la salida, para que podáis soportar. (1 Corintios 10:13)

Mientras velamos y oramos, Dios nos mostrará cómo enfrentar o huir de cualquier tentación, y cómo solucionar cada problema. Los discípulos cayeron en tentación porque no velaron ni oraron. Gracias a que Jesús veló y oró, cuando fue tentado a abandonar Su propósito —habiendo conocido en oración todo lo que habría de pasarle— rindió Su voluntad y decidió entregar Su vida para salvar a la humanidad.

> Estar vigilantes nos permite cerrar toda entrada al enemigo.

Jesús nos enseñó que debemos pedirle al Padre, "*No nos dejes caer en tentación*" (Mateo 6:13 NVI). Sin embargo, debemos comprender que la tentación llega a nuestra vida cuando no estamos velando. Por eso, cuando a través de la oración vemos venir la tentación, podemos contrarrestarla antes que algo malo suceda. Algunos intercesores que no han sido bien entrenados aceptan todo lo que ven en el Espíritu como si fuera algo inevitable; incluso aceptan los ataques del enemigo, en vez de orar sin cesar hasta destruir las obras del diablo y obtener el rompimiento.

La razón por la que Dios nos muestra los planes del enemigo es para darnos la oportunidad de destruirlos o evitarlos. Cuando oramos en el Espíritu, vemos lo que está a punto de pasar; sin embargo, eso no significa que ya ocurrió en la dimensión natural. Percibimos lo que el enemigo está tratando de hacer; y aunque ésa es la actividad del diablo en la esfera espiritual, él no sabe que Dios nos está mostrando todo. Esa es la ventaja que tenemos cuando velamos. Podemos prevenir que algo malo llegue a suceder.

> "No nos dejes caer en tentación" también significa,
> "No permitas que me rinda o ceda ante la tentación".

La Biblia nos enseña que *"cada uno es tentado, cuando de su propia concupiscencia es atraído y seducido. Entonces la concupiscencia, después que ha concebido, da a luz el pecado; y el pecado, siendo consumado, da a luz la muerte"* (Santiago 1:14–15). Esto quiere decir que nuestra voluntad está involucrada en el proceso de la tentación. Si logramos ver el plan que el enemigo está tramando contra nosotros, podemos prepararnos de antemano, como un acto de nuestra voluntad, para pararnos firmes en obediencia y permanecer en un lugar de justicia. Podemos orar para que Dios nos fortalezca a fin de permanecer en Él. Así, podemos cortar el ciclo de pecado antes que comience. Por consiguiente, cuando el enemigo nos tienta, tenemos que resistir, o, si es necesario, huir de la tentación. Solo caemos en la trampa de la tentación cuando no velamos para anticipar los planes del diablo, porque usualmente solo las personas ciegas o descuidadas son las que tropiezan con obstáculos visibles. Si la iglesia vela y ora, no caerá en las tentaciones ni en las trampas del enemigo.

Pautas para velar y orar

Quizá usted se esté preguntando, *¿Bueno, y cómo hago para velar y orar? ¿Cómo aplico a mi vida todo este conocimiento?* A continuación, le daré algunas pautas que le ayudarán a poner en práctica lo que ha aprendido hasta ahora.

1. Orar continuamente en el Espíritu

Como cristianos, es importante que sepamos cómo fortalecer nuestro espíritu en la fe, tal como nos enseña la Biblia en Judas 1:20: *"Pero vosotros, amados, edificándoos sobre vuestra santísima fe, orando en el Espíritu Santo"*. Claro está que, ¡usted no puede edificar su espíritu si está dormido! ¡Primero debe despertarse y levantarse! Si ora en el Espíritu, podrá ver en el ámbito espiritual, pero si descuida esto, su visión estará limitada. Cada vez que oro en el Espíritu, estoy alerta a lo que Dios me está diciendo y a lo que Él está haciendo; de esa manera, puedo alinearme con Sus planes para el ahora. Como hijos de Dios, debemos estar sintonizados con el impulso que el Espíritu Santo está trayendo, porque ese es el impulso del ahora.

2. Ser constantemente llenos del espíritu

Nuestro espíritu necesita ser lleno del Espíritu de Dios. ¿Podrá Jesús venir por una novia que no esté llena de Su Espíritu? ¿Acaso vendrá Él por una novia que no esté ungida? Por supuesto que no. Jesús mandó a Su iglesia a vivir en un estado de plenitud en el Espíritu. La persona que no está llena del Espíritu Santo vive en una dimensión limitada. El Espíritu no puede obrar en nosotros, a menos que mantengamos cierto nivel de oración. Igualmente, un pecador no puede ser transformado en un ambiente de cristianismo nominal o religioso. En estos días, tenemos que vivir continuamente llenos del Espíritu Santo, y teniendo nuestras lámparas llenas de aceite para la vigilia.

> **Nuestro espíritu debería llamar y atraer al Espíritu de Dios continuamente.**

Antes de concluir, debo recalcar este punto: ¡Necesitamos velar y orar en el Espíritu porque el regreso del Señor está cerca! Tenemos que estar alertas y preparados para Su venida. Es esencial que veamos y percibamos lo que está pasando alrededor nuestro en el ámbito espiritual. ¡Este no es tiempo de dormir! El enemigo trabaja diligentemente contra nosotros, especialmente cuando ve que no estamos velando. Si velar y orar nos ayudan a no sucumbir ante futuras tentaciones y ataques, ¡entonces no podemos dejar de velar y orar! Tenemos que orar sin cesar en el Espíritu, estando alertas para percibir lo que Dios está diciendo y haciendo, y debemos estar siempre listos para lo que ha de venir. Este debería ser nuestro estilo de vida.

Activación

Usted está leyendo este libro porque Jesús lo está llamando —tal como lo hizo con Sus discípulos— a velar y orar con Él, sin cesar. Lo animo a responder a ese llamado y empezar a darle prioridad a su relación con Dios en oración, estando a la expectativa de lo que Él quiera mostrarle en intimidad espiritual. Mire hacia adelante en el Espíritu, hacia lo que viene para su familia, para su ministerio, para su ciudad y para el mundo. Sea sensible a la presencia de Dios, a Su voluntad y a las necesidades de otras personas; además, esté alerta a lo que el diablo está tramando, o lo que ya está haciendo. ¡Usted puede anticipar y vencer al enemigo!

Prepárese también para la segunda venida de Cristo, manteniendo su lámpara llena con el aceite del Espíritu. Sea como el buen centinela que no se duerme, sino que siempre está atento, cumpliendo sus deberes. Permanezca vigilante a fin de mantener las bendiciones de Dios, para proteger a su familia, para rodear de ángeles su ministerio, para mantener sus puertas abiertas, para que el evangelio sea predicado y lo sobrenatural sea manifestado en su nación y en todas las naciones de la tierra. Vigile para no ser tentado a abandonar el propósito de Dios en su vida; vele para no caer en las trampas del enemigo, quien quiere llevarlo a pecar y alejarlo de la gracia de Dios. Párese en la voluntad de Dios, en Su Palabra y en Su justicia, para ver como todas sus oraciones son contestadas. Y, por último, genere el impulso necesario para que las respuestas a sus oraciones sean manifestadas instantáneamente.

A lo largo de este libro, le he enseñado cómo orar para obtener rompimiento. Ahora, ¡hágalo usted mismo! Sea constantemente lleno del Espíritu de Dios y prepárese a recibir al Rey de Reyes, como un miembro de esa novia pura, sin mancha y sin arruga, que vela por el retorno de su Novio, Jesucristo. ¡Él lo prometió y lo cumplirá! ¡Velad y orad! ¡Cristo viene pronto!

ORACIONES DE ROMPIMIENTO SELECCIONADAS EN LA ESCRITURA

La intercesión de Moisés por los israelitas para prevenir su destrucción

Entonces Jehová dijo a Moisés: Anda, desciende, porque tu pueblo que sacaste de la tierra de Egipto se ha corrompido. Pronto se han apartado del camino que yo les mandé; se han hecho un becerro de fundición, y lo han adorado, y le han ofrecido sacrificios, y han dicho: Israel, estos son tus dioses, que te sacaron de la tierra de Egipto. Dijo más Jehová a Moisés: Yo he visto a este pueblo, que por cierto es pueblo de dura cerviz. Ahora, pues, déjame que se encienda mi ira en ellos, y los consuma; y de ti yo haré una nación grande. Entonces Moisés oró en presencia de Jehová su Dios, y dijo: Oh Jehová, ¿por qué se encenderá tu furor contra tu pueblo, que tú sacaste de la tierra de Egipto con gran poder y con mano fuerte? ¿Por qué han de hablar los egipcios, diciendo: Para mal los sacó, para matarlos en los montes, y para raerlos de sobre la faz de la tierra? Vuélvete del ardor de tu ira, y arrepiéntete de este mal contra tu pueblo. Acuérdate de Abraham, de Isaac y de Israel tus siervos, a los cuales has jurado por ti mismo, y les has dicho: Yo multiplicaré vuestra descendencia como las estrellas del cielo; y daré a vuestra descendencia toda esta tierra de que he hablado, y la tomarán por heredad para siempre. Entonces Jehová se arrepintió del mal que dijo que había de hacer a su pueblo.

(Éxodo 32:7–14)

La intercesión de Daniel por los israelitas para que fueran perdonados y su tierra fuera restaurada

En el año primero de Darío hijo de Asuero, de la nación de los medos, que vino a ser rey sobre el reino de los caldeos, en el año primero de su reinado, yo Daniel miré atentamente en los libros el número de los años de que habló Jehová al profeta Jeremías, que habían de cumplirse las desolaciones de Jerusalén en setenta años. Y volví mi rostro a Dios el Señor, buscándole en oración y ruego, en ayuno, cilicio y ceniza. Y oré a Jehová mi Dios e hice confesión diciendo: Ahora, Señor, Dios grande, digno de ser temido, que guardas el pacto y la misericordia con los que te aman y guardan tus mandamientos; hemos pecado, hemos cometido iniquidad, hemos hecho impíamente, y hemos sido rebeldes, y nos hemos apartado de tus mandamientos y de tus ordenanzas. No hemos obedecido a tus siervos los profetas, que en tu nombre hablaron a nuestros reyes, a nuestros príncipes, a nuestros padres y a todo el pueblo de la tierra. Tuya es, Señor, la justicia, y nuestra la confusión de rostro, como en el día de hoy lleva todo hombre de Judá, los moradores de Jerusalén, y todo Israel, los de cerca y los de lejos, en todas las tierras adonde los has echado a causa de su rebelión con que se rebelaron contra ti. Oh Jehová, nuestra es la confusión de rostro, de nuestros reyes, de nuestros príncipes y de nuestros padres; porque contra ti pecamos. De Jehová nuestro Dios es el tener misericordia y el perdonar, aunque contra él nos hemos rebelado, y no obedecimos a la voz de Jehová nuestro Dios, para andar en sus leyes que él puso delante de nosotros por medio de sus siervos los profetas. Todo Israel traspasó tu ley apartándose para no obedecer tu voz; por lo cual ha caído sobre nosotros la maldición y el juramento que está escrito en la ley de Moisés, siervo de Dios; porque contra él pecamos. Y él ha cumplido la palabra que habló contra nosotros y contra nuestros jefes que nos gobernaron, trayendo sobre nosotros tan grande mal; pues nunca fue hecho debajo del cielo nada seme-jante a lo que se ha hecho contra Jerusalén. Conforme está escrito en la ley de Moisés, todo este mal vino sobre nosotros; y no hemos implorado el favor de Jehová nuestro Dios, para convertirnos de nuestras maldades y entender tu verdad. Por tanto, Jehová veló sobre el mal y lo trajo sobre nosotros; porque justo es Jehová nuestro Dios en todas sus obras que ha hecho, porque no obedecimos a su voz. Ahora pues, Señor Dios nuestro, que sacaste tu pueblo de la tierra de Egipto con mano poderosa, y te hiciste renombre cual lo tienes hoy; hemos pecado, hemos hecho impíamente. Oh Señor, conforme a todos tus actos de justicia, apártese ahora tu ira y tu furor de sobre tu ciudad Jerusalén, tu santo monte; porque a causa de nues-tros pecados, y por la maldad de nuestros padres, Jerusalén y tu pueblo son el oprobio de todos en derredor nuestro. Ahora pues, Dios nuestro, oye la oración de tu siervo, y sus ruegos; y haz que tu rostro resplandezca sobre tu santuario asolado, por amor del Señor. Inclina, oh Dios mío, tu oído, y oye; abre tus ojos, y mira nuestras desolaciones, y la ciudad sobre la cual es invocado tu nombre; porque no elevamos nuestros ruegos ante ti confiados en nuestras justicias, sino en tus muchas miseri-cordias. Oye, Señor; oh Señor, perdona; presta oído, Señor, y hazlo; no tardes, por amor de ti mismo, Dios mío; porque tu nombre es invocado sobre tu ciudad y sobre tu pueblo. Aún estaba hablando y orando, y confesando mi pecado y el pecado de mi pueblo Israel, y derramaba mi ruego delante de Jehová mi Dios por el monte santo de mi Dios; aún estaba hablando en oración, cuando el varón Gabriel, a quien había visto en la visión al principio, volando con presteza, vino a mí como a la hora del sacrificio de la tarde. Y me hizo entender, y habló con-migo, diciendo: Daniel, ahora he salido para darte sabiduría y entendimiento. Al principio de tus ruegos fue dada la orden,

y yo he venido para enseñártela, porque tú eres muy amado.
Entiende, pues, la orden, y entiende la visión.

(Daniel 9:1–23)

La oración de los discípulos por poder para predicar el evangelio

Y [Pedro y Juan] *puestos en libertad* [después de haber sido detenidos por predicar sobre la resurrección de Jesús], *vinieron a los suyos y contaron todo lo que los principales sacerdotes y los ancianos les habían dicho* [habiendo recibido la orden de no enseñar en el nombre de Jesús]. *Y ellos, habiéndolo oído, alzaron unánimes la voz a Dios, y dijeron: Soberano Señor, tú eres el Dios que hiciste el cielo y la tierra, el mar y todo lo que en ellos hay; que por boca de David tu siervo dijiste: ¿Por qué se amotinan las gentes, y los pueblos piensan cosas vanas? Se reunieron los reyes de la tierra, y los príncipes se juntaron en uno contra el Señor, y contra su Cristo. Porque verdaderamente se unieron en esta ciudad contra tu santo Hijo Jesús, a quien ungiste, Herodes y Poncio Pilato, con los gentiles y el pueblo de Israel, para hacer cuanto tu mano y tu consejo habían antes determinado que sucediera. Y ahora, Señor, mira sus amenazas, y concede a tus siervos que con todo denuedo hablen tu palabra, mientras extiendes tu mano para que se hagan sanidades y señales y prodigios mediante el nombre de tu santo Hijo Jesús. Cuando hubieron orado, el lugar en que estaban congregados tembló; y todos fueron llenos del Espíritu Santo, y hablaban con denuedo la palabra de Dios.… Y con gran poder los apóstoles daban testimonio de la resurrección del Señor Jesús.* (Hechos 4:23–31, 33)

_____

_____

_____

_____

_____

La oración de Pablo por los efesios para que recibieran sabiduría y revelación del Espíritu

Por esta causa también yo, habiendo oído de vuestra fe en el Señor Jesús, y de vuestro amor para con todos los santos, no ceso de dar gracias por vosotros, haciendo memoria de vosotros en mis oraciones, para que el Dios de nuestro Señor Jesucristo, el Padre de gloria, os dé espíritu de sabiduría y de revelación en el conocimiento de él, alumbrando los ojos de vuestro entendimiento, para que sepáis cuál es la esperanza a que él os ha llamado, y cuáles las riquezas de la gloria de su herencia en los santos, y cuál la supereminente grandeza de su poder para con nosotros los que creemos, según la operación del poder de su fuerza, la cual operó en Cristo, resucitándole de los muertos y sentándole a su diestra en los lugares celestiales, sobre todo principado y autoridad y poder y señorío, y sobre todo nombre que se nombra, no sólo en este siglo, sino también en el venidero; y sometió todas las cosas bajo sus pies, y lo dio por cabeza sobre todas las cosas a la iglesia, la cual es su cuerpo, la plenitud de Aquel que todo lo llena en todo.

(Efesios 1:15–23)

FRAGMENTOS DE
"AYUNO DE ROMPIMIENTO"

El ayuno es parte integral de la oración y tiene sus propios principios y patrones espirituales significativos. Debido a que no pude cubrir estos puntos fundamentales en *La oración de rompimiento*, decidí escribir todo un libro sobre el tema, titulado *El ayuno de rompimiento: Accediendo al poder de Dios*. Oro que usted sea bendecido y fortalecido con los fragmentos de este libro:

Introducción: El poder del ayuno

Estamos viviendo los tiempos proféticos *"de la restauración de todas las cosas"*:

> *Así que, arrepentíos y convertíos, para que sean borrados vuestros pecados; para que vengan de la presencia del Señor tiempos de refrigerio, y él envíe a Jesucristo, que os fue antes anunciado; a quien de cierto es necesario que el cielo reciba **hasta los tiempos de la restauración de todas las cosas**, de que habló Dios por boca de sus santos profetas que han sido desde tiempo antiguo.*
>
> (Hechos 3:19–21)

La palabra *restaurar* significa "retornar a una posición o condición anterior". Indica que algo es devuelto a la intención original. En estos últimos tiempos, Dios quiere restaurar la relación íntima de la iglesia con Él y darnos empoderamiento de Su Espíritu para que podamos cumplir Sus propósitos: difundir el evangelio del reino por todo el mundo, trayendo salvación, sanidad y liberación. Tal restauración incluye un sacudimiento en la iglesia, a fin de que regrese a vivir por el Espíritu, que deje de depender de sus propias fuerzas y técnicas para servir a Dios, y se prepare para la segunda venida de Cristo.

El libro del profeta Joel describe la restauración de todas las cosas en los últimos tiempos, e incluye tanto a Israel como a la iglesia. En los capítulos 1 y 2, el profeta describe la devastación de Israel y llama al arrepentimiento y al ayuno. Pero en el capítulo 2, leemos esta palabra del Señor acerca de la restauración: "*Y os restituiré los años que comió la oruga, el saltón, el revoltón y la langosta, mi gran ejército que envié contra vosotros*" (Joel 2:25). El tercer y último capítulo de Joel muestra a Dios juzgando a las naciones y bendiciendo a su pueblo.

¿Cuál es nuestra responsabilidad en los planes de restauración de Dios? Las promesas de Dios requieren nuestra cooperación personal por medio del ayuno y la oración. El ayuno es una herramienta esencial para ser empoderados por el Espíritu; nos permite experimentar rompimientos en el ámbito espiritual, especialmente cuando lo asumimos como parte integral de nuestro estilo de vida. Como escribí en mi libro *Oración de rompimiento*, "con el rompimiento, halamos del mundo espiritual al natural aquello que necesitamos y, como resultado, podemos ver una demostración visible y tangible del poder y la provisión de Dios". Este principio sobre la necesidad de ayunar y orar aplica no solo a la restauración a nivel global, sino también a la restauración individual, ahora mismo, por el poder y la provisión de Dios en nuestra vida personal. Aplica sobre nuestro matrimonio, familia, finanzas, ministerio y cualquier otra cosa que necesite ser sanada, reparada o que requiera vida nueva.

"Los tiempos de la restauración de todas las cosas" incluye regresar a la oración y el ayuno.

El ayuno es un sacrificio espiritual

Desde tiempos antiguos, el ayuno ha sido un sacrificio espiritual ofrecido a Dios por Su pueblo. El ayuno se practicaba tanto en el Antiguo como en el Nuevo Testamento. A veces, Dios ordenaba o demandaba de Su pueblo un ayuno en particular; otras veces, individuos, grupos o naciones empezaban a ayunar debido a una necesidad. Un ejemplo del Antiguo Testamento en el que Dios llamó a ayunar es el siguiente: *"Por eso pues, ahora, dice Jehová, convertíos a mí con todo vuestro corazón, con ayuno y lloro y lamento"* (Joel 2:12). Antes de esa palabra el profeta Joel había dicho: *"Proclamad ayuno, convocad a asamblea; congregad a los ancianos y a todos los moradores de la tierra en la casa de Jehová vuestro Dios, y clamad a Jehová"* (Joel 1:14).

En otro ejemplo, el profeta Daniel inició un ayuno pidiendo la restauración de los israelitas a su tierra:

En el año primero de Darío hijo de Asuero, de la nación de los medos, que vino a ser rey sobre el reino de los caldeos, en el año primero de su reinado, yo Daniel miré atentamente en los libros el número de los años de que habló Jehová al profeta Jeremías, que habían de cumplirse las desolaciones de Jerusalén en setenta años. Y volví mi rostro a Dios el Señor, buscándole en oración y ruego, en ayuno, cilicio y ceniza. (Daniel 9:1–3)

En el Nuevo Testamento notamos que Jesús ayunó y vemos claramente lo esencial que éste era en Su vida. Jesús no confrontó y venció las grandes tentaciones de Satanás en el desierto hasta que, lleno del Espíritu, entró en un ayuno de muchos días, después de los cuales comenzó Su ministerio empoderado por el Espíritu Santo.

Jesús, lleno del Espíritu Santo, volvió del Jordán [después de Su bautismo], y fue llevado por el Espíritu al desierto por cuarenta días, y era tentado por el diablo. Y no comió nada en aquellos días, pasados los cuales, tuvo hambre... Y cuando el diablo hubo acabado toda tentación, se apartó de él por un tiempo. Y Jesús volvió en el poder del Espíritu a Galilea, y se difundió su fama por toda la tierra de alrededor.

(Lucas 4:1–2, 13–14; vea también Mateo 4:1–11;
Marcos 1:12–13)

Jesús es la persona más pura y santa que haya caminado sobre la faz de la tierra. No había cometido pecado; sin embargo, como ser humano, necesitó orar y ayunar para vencer al enemigo, para conocer la voluntad del Padre y establecer firmemente Su ministerio en la tierra. ¡Cuánto más nosotros tenemos la necesidad de orar y ayunar! Hemos sido maravillosamente redimidos por Cristo y recibimos el regalo del Espíritu Santo. Aún así, todavía batallamos con la naturaleza pecaminosa, la cual continuamente intenta retomar autoridad sobre nuestras vidas (vea, por ejemplo, Romanos 7:22–25), y, tristemente, tenemos la tendencia de abandonar nuestra relación cercana a Dios. Además, de continuo necesitamos más poder para llevar el ministerio. Cuando ayunamos y oramos en la presencia de Dios, Él es quien nos da sabiduría, fuerza y unción.

Existen ejemplos adicionales de ayuno en el Nuevo Testamento. Jesús le dió a Sus discípulos instrucciones sobre el ayuno, pero sobre esas enseñanzas hablaremos en los próximos capítulos. (Vea Mateo 6:16–18; 17:14–21). Aún más, el registro bíblico muestra que los creyentes de la iglesia primitiva practicaban el ayuno como parte importante de su estilo de vida. Por ejemplo, los profetas y maestros de la igleisa en Antioquía oraban y ayunaban, después de lo cual recibieron una palabra del Espíritu Santo sobre el ministerio de Pablo y Bernabé. (Vea Hechos 13:1–3).

Además, en 2 Corintios leemos que Pablo ayunaba a menudo. (Vea 6:4–5; 11:27). Pablo escribió aproximadamente la mitad de los libros del Nuevo Testamento y probablemente es el más grande apóstol de todos los tiempos; aún así sentía la necesidad de ayunar regularmente. También, los hombres y mujeres de Dios más poderosos han seguido un estilo de vida de oración y ayuno.

> El ayuno fue esencial en la vida y ministerio de Jesús. Lo mismo es cierto para sus seguidores de hoy.

Orando y ayunando como estilo de vida

Sin embargo, pese al énfasis que hace la Biblia sobre el ayuno y los ejemplos del poder del ayuno en las vidas de los creyentes, desde la antigüedad hasta el presente, ¡el cuerpo de Cristo lo ha ignorado en gran medida! Esta es una de las razones por las que hay falta de poder en la iglesia como tal, con pocos milagros, señales, sanidades, liberaciones y otras manifestaciones de lo sobrenatural. ¿Por qué el ayuno ha sido esencialmente abandonado por el pueblo de Dios? Hay varias razones, por ejemplo, vivir con horarios sobrecargados y hasta por pereza; pero tal vez una de las razones más importantes ha sido el predominio de la perspectiva de la "hiper-gracia o súper-gracia". Esta perspectiva dice que como Cristo nos ha redimido y ha vencido al enemigo, no hay nada más que debamos hacer para contribuir a nuestro crecimiento y salvaguarda espiritual. Es verdad que podemos recibir libremente todos los beneficios que Cristo ganó por nosotros en la cruz. Sin embargo, tenemos que apropiarnos de Su provisión por fe y aplicarla a todos los aspectos de nuestra vida. Como sacerdotes de Dios tenemos la responsabilidad de ofrecerle sacrificios espirituales de oración y ayuno para avanzar Sus propósitos en el mundo y en nuestras propias vidas. Por lo tanto, debemos retornar a la intención original de Dios para la iglesia: convertirnos en personas que puedan demostrar Su amor, poder y gloria mientras vencemos las obras del enemigo. La única manera como podemos hacer esto es volviendo a la oración y al ayuno como estilo de vida. Puedo testificar sobre el poder del ayuno. Todos los rompimientos que he visto en mi vida personal, ministerio y finanzas han venido gracias a la oración y al ayuno.

Si los creyentes de hoy supieran el poder espiritual del ayuno, ¡lo practicarían más! Muchas personas no entienden lo que el ayuno significa para Dios, lo que pueden lograr en sus vidas, y cómo puede permitirles derrotar los esquemas y ataques del enemigo. En este tiempo de la historia de la humanidad, estamos viviendo en medio de turbulencia y revolución, tanto en el mundo natural como en la esfera espiritual. A medida que se acerca la segunda venida del Señor, estamos lidiando con poderes demoniacos nunca antes vistos sobre la tierra. Nuestra necesidad de orar y ayunar se ha intensificado, porque solo de esta manera podemos estar preparados para confrontar y vencer las fuerzas destructivas del enemigo.

Ayuno de rompimiento le ayudará a descubrir el camino que le da acceso al poder de Dios. Provee revelación de la Palabra de Dios que transforma vidas y presenta muchos testimonios personales sobre el poder del ayuno. Aprenderá qué exactamente es el ayuno; los diferentes tipos de ayuno y sus beneficios; cómo ayunar efectivamente; cómo obtener y aumentar el poder espiritual a través del ayuno, al igual que lineamientos y pasos específicos para hacer del ayuno parte de su estilo de vida. El valor del ayuno es incalculable, en su propia vida y para el futuro del mundo. Hágalo parte de su vida empezando hoy. Jesús dijo, *"Tu Padre que ve [tu ayuno] en lo secreto te recompensará en público"* (Mateo 6:18).

¿Qué logra el ayuno?

El ayuno produce muchas recompensas espirituales, mentales y físicas. En este capítulo, nos enfocaremos en doce de los beneficios espirituales del ayuno. Estas áreas están interrelacionadas, pero cada una provee un beneficio diferente.

1. Mantiene nuestro "filo" espiritual

Si usted quiere que su espíritu esté alerta, entonces empiece a ayunar. Entre más sintonizado esté espiritualmente, más pronto podrá percibir las realidades del ámbito sobrenatural. Cuando ayuna, Dios empieza a afilar su habilidad para ver, oír y discernir esas realidades. Ayunar nos ayuda, no solamente a ganar, sino a mantener nuestro "filo" en el espíritu, preparándonos para ser usados para los propósitos de Dios. Muchos creyentes han perdido el filo espiritual, y como resultado están operando más en el ámbito natural que en el espiritual. Cada vez que perdemos el filo, dejamos de percibir y nuestra autoridad espiritual se debilita; por lo tanto, empezamos a funcionar como creyentes nominales, incluso como alguien que no cree en Dios ni en su poder.

2. Purifica nuestra alma

Cuando usted ayuna, también ayuda a mantener su alma (mente, voluntad y emociones) bajo el control de su espíritu, llevando todos los pensamientos errantes o desobedientes cautivos a la obediencia a Cristo. (Vea 2 Corintios 10:5). Nuestro espíritu interactúa y tiene conexiones con nuestra alma, que es el asiento moral de nuestra vida. Por la exposición a la atmósfera e influencias del mundo —esa mentalidad hostil e indiferente a Dios—, nuestra alma acumula impurezas espirituales, contaminaciones, mezclas de verdad y error, etcétera. En consecuencia, Dios tiene que arrancar esos elementos de nuestra alma. (Vea, por ejemplo, Santiago 4:8). Al ayunar, rendimos todo a

Dios. Él nos separa para Sí mismo una vez más y nos limpia de nuevo a través de Su Palabra (vea Efesios 5:25–27) y de Su Espíritu.

Por consiguiente, durante el ayuno, Dios usualmente primero nos revelará el estado de nuestro ser interior y la dirección en que está yendo nuestra vida. Él nos revelará dónde nos hemos desviado de Sus verdades y propósitos. Después que ayunamos, nuestras almas deben ser limpiadas, llevándonos a una comunión más profunda con el Padre y a estar mejor equipados para servirle.

Durante la primera parte de un ayuno, Dios siempre desintoxica y limpia nuestra alma.

3. Acelera nuestra muerte al "yo"

Juan el Bautista dijo de Jesús, *"Es necesario que él crezca, pero que yo mengüe"* (Juan 3:30). Como creyentes, debemos anhelar levantar a Jesús en nuestras vidas para que muchas personas lo conozcan y reciban Su salvación y liberación. En coherencia con la limpieza de nuestras almas, el ayuno es una de las formas más rápidas de morir al "yo" —esa obstinación o deseo por hacer las cosas a nuestra manera y no a la manera de Dios—. Dios tiene planes maravillosos para nosotros, pero los obstaculizamos cuando pensamos que sabemos más que Él. Al ayunar, Dios comienza a confrontarnos respecto a diferentes asuntos que necesitan resolverse. En ese momento, podemos sentir que Él está quitando algunas cosas importantes para nosotros o que han definido nuestras vidas. Sin embargo, cuánto más Él trata con esos problemas y los remueve, más nos da de Sí mismo y de Sus bendiciones. En ese proceso, el ayuno pone nuestras vidas bajo sumisión al señorío de Cristo. Las prioridades del mundo se desvanecen y el cielo se enfoca más en nosotros.

Todos tenemos algo que debemos rendir a Dios. Pueden ser elementos negativos que debemos soltar a fin de ser aquello para lo que fuimos creados y redimidos, o preferencias personales que están interfiriendo nuestra relación con Él, tales como mal temperamento, envidia, discordia, malos pensamientos, falta de perdón o inmoralidad sexual. Incluso puede ser una relación no saludable, una actividad superflua o cierta meta que hemos estado tratando de alcanzar. No podemos permitir que ninguna persona, actividad o meta se convierta en ídolo en nuestra vida. Para experimentar vida verdadera, necesitamos más de Dios y menos de nosotros. Cuando ayunamos, tomamos la decisión de rendir lo que ha estado reteniéndonos de Dios para que podamos recibir más de Él. El ayuno acelera la muerte al "yo".

> El ayuno le cambia a usted, no a Dios. Cuando el ayuno forma parte de su estilo de vida, usted vive en un lugar de muerte continua al yo, y de vida en Dios.

4. Crucifica nuestra carne

"Porque los que son de la carne piensan en las cosas de la carne; pero los que son del Espíritu, en las cosas del Espíritu" (Romanos 8:5). A la "carne" también se le conoce como "viejo hombre", naturaleza carnal, naturaleza pecaminosa o adánica. El ayuno rompe rápidamente con el poder de la carne en nuestras vidas. Esta es una de las razones por las cuales el enemigo odia que ayunemos. Por eso, él quiere que permanezcamos espiritualmente débiles e inefectivos.

La Escritura dice, *"Pero los que son de Cristo han crucificado la carne con sus pasiones y deseos"* (Gálatas 5:24). Antes de empezar a ayunar, la carne —más que nuestro espíritu— está en control de nuestras vidas. Eso explica por qué ayunar nos resulta difícil al comienzo. Tenemos que salir del ámbito natural y del control de la carne. Tenemos que vivir de manera diferente a como normalmente lo hacemos, negándonos a nosotros mismos el placer de disfrutar ciertas comidas. Después, Dios empieza a cambiarnos y otra vez nos separa para Sí mismo. *"Digo, pues: Andad en el Espíritu, y no satisfagáis los deseos de la carne"* (Gálatas 5:16).

> El ayuno es el arma que usa Dios para lidiar con nuestra carne.

Cuando usted vive de acuerdo con la carne, no puede percibir las cosas espirituales. *"Pero el hombre natural no percibe las cosas que son del Espíritu de Dios, porque para él son locura, y no las puede entender, porque se han de discernir espiritualmente"* (1 Corintios 2:14). Sin embargo, cuando ayunamos, el Espíritu Santo se convierte en una realidad mayor que cualquier cosa en el mundo natural. Con una percepción elevada del ámbito espiritual, también nos volvemos más conscientes del enemigo y sus esquemas, y sabemos cómo lidiar con ellos. Esto nos permite estar preparados para cualquier dificultad que pueda atravesarse en nuestro camino.

Cuando una crisis personal se avecina, ¿qué es más real para usted, la presencia del Espíritu o el problema? Cuando viene una enfermedad, o recibe un reporte negativo del médico, ¿qué es más real para usted, el poder del Espíritu o la enfermedad? Cuando surge una emergencia financiera, ¿qué es más real para usted, la prosperidad en el Espíritu o lo que le falta? Cuando el ayuno pone su carne bajo sujeción del Espíritu, el cielo se vuelve más real para usted que las circunstancias temporales en la tierra.

El ayuno le dice a su carne, "Te ordeno, ¡cállate! No voy a escucharte. Tú no me dictas lo que debo hacer; no eres mi maestra, eres mi sierva". Cuando el espíritu comienza a tomar el control, usted se vuelve más espiritual que natural, y esto se refleja en sus pensamientos, palabras y acciones.

> ## Hasta que el Espíritu Santo se convierta en su mayor realidad, la carne dominará su vida.

5. Rompe nuestros patrones y ciclos de pensamientos negativos

Como hemos visto anteriormente, el comienzo de un ayuno cumple la tarea de captar nuestra atención, de manera que le permitimos a Dios remover las formas de pensamiento negativo en las que hemos caído, incluyendo aquellos patrones destructivos que debemos romper. Podemos quedar atrapados en ciclos mentales y emocionales indeseables, repitiendo continuamente los mismos pensamientos negativos y errores, sin entender cómo terminamos atrapados en ellos. Cuando ayunamos, Dios nos libera de esos patrones y nos desata a nuevos ciclos de vida. Algunos patrones de pensamiento y comportamiento negativos incluyen el desánimo, la depresión, el miedo, los ataques de pánico, la tristeza, los pensamientos de muerte, la inmoralidad sexual, las adicciones, etcétera. Estos deben romperse por medio del ayuno y la oración. Si usted está sufriendo de cualquiera de estos problemas, comience un ayuno para liberarse de ellos y eliminarlos de su vida ahora. Busque a otro creyente o grupo de creyentes con quienes pueda orar, ayunar y que puedan apoyarlo hasta que sea liberado.

> ## El propósito del ayuno es liberarlo, no dañarlo.

6. Aviva nuestra unción

Por lo cual te aconsejo que avives el fuego del don de Dios que está en ti por la imposición de mis manos. Porque no nos ha dado Dios espíritu de cobardía, sino de poder, de amor y de dominio propio.
(2 Timoteo 1:6–7)

¿Es posible tener la unción y los dones del Espíritu Santo, pero no tener actividad espiritual en su vida? Sí, es posible. Esto sucede cuando los dones y la unción están inactivos o dormidos. Si éste es el caso, necesitan ser activados.

Cuando permitimos que nuestros dones o la unción estén inactivos, pasaremos por una temporada de sequedad y vacío. Al descuidar o rechazar lo que el Espíritu Santo nos ha dado, y no permitirle trabajar en nuestra vida, podemos contristarlo o apagarlo. La palabra griega para "avivar", que aparece en el verso anterior, significa "volver a encender". Otra manera de verlo es despertar del sueño. Las áreas dormidas de nuestra vida espiritual necesitan despertarse otra vez. Además, puede haber áreas de dones en su espíritu que nunca han salido a la superficie, las cuales el Espíritu Santo quiere activar en usted. Posiblemente usted ni siquiera sepa que están allí. En ambas situaciones, podemos avivar o despertar nuestra unción mediante la oración y el ayuno. Cuando ayunamos, los dones en nosotros empiezan a ser avivados o activados, incluyendo los dones del Espíritu y los dones ministeriales. (Vea, por ejemplo, 1 Corintios 12; Efesios 4:11–12).

Las personas que no están inclinadas al ayuno se pierden las manifestaciones de la unción de Dios y las formas cómo Dios desea expandir Su reino en el mundo. Cuando yo quiero aumentar la unción en mi vida, proclamo un ayuno y lo sigo, y los efectos son inmediatos. Los milagros y las sanidades ocurren más rápido. Las liberaciones son mucho más poderosas. Esos resultados son una señal de que la unción ha aumentado. Todos los creyentes necesitan cultivar la unción en sus vidas a través del ayuno. ¡Comience a despertar la actividad espiritual en su vida ahora!

> El ayuno es una manera importante de cultivar la unción en nuestra vida.

7. Afina nuestra percepción espiritual

Como señalé anteriormente, el ayuno es un medio a través del cual nuestras almas se purifican, para que podamos ver y escuchar más claramente en el ámbito espiritual. Nos facilita discernir la voz de Dios y conocer las indicaciones e instrucciones que Él tiene para nosotros. Cuando somos controlados por la carne, estamos bloqueados para discernir y percibir en el Espíritu. El ayuno purifica y trae claridad a nuestra visión espiritual. Así, el ámbito espiritual empieza a esclarecerse o hacerse más nítido para nosotros.

> El ayuno hace que nuestra percepción espiritual se vuelva más clara y precisa. Entre más espirituales nos volvemos, más rápido percibimos el ámbito espiritual.

El ayuno y la oración aceleran la percepción espiritual porque nos capacita para ver más allá de la realidad del mundo de las personas, eventos y circunstancias. Nos volvemos menos sensibles a la dimensión natural y más sensibles a la esfera espiritual y su realidad. Ha habido momentos en que he buscado a Dios por algo, pero no he podido percibirlo, pese a haber orado mucho. Pero luego de entrar en ayuno he oído Su voz y recibido Su respuesta. ¿Por qué no pude escuchar a Dios antes? Porque mi alma no había sido limpiada, y mi espíritu no estaba afinado. El ayuno me preparó para discernir y recibir la respuesta que necesitaba.

8. Nos acerca a Dios

Para tener vida verdadera, debemos estar en comunión y unión con nuestro Padre celestial. El Espíritu nos revela más del Padre mientras oramos y ayunamos en el nombre de Su hijo Jesús, permitiéndonos conocerlo mejor y acercarnos a Él en una relación de intimidad. Una razón práctica de este resultado es que cuando apartamos tiempo para ayunar, pasamos más tiempo en la presencia de Dios. Esto nos permite crecer en nuestro conocimiento de Su carácter y caminos.

El ayuno nos acerca a Dios porque es un sacrificio espiritual que Él honra.

9. Establece disciplina en nosotros

El ayuno nos entrena para auto-disciplinarnos, poniendo nuestro cuerpo bajo la sumisión del espíritu. Ponemos restricciones a nuestro apetito y deseo de comer, y al hacerlo, desarrollamos dominio propio. El ayuno nos fortalece para decir no a los antojos de la carne y a las tentaciones del enemigo. Pablo escribió, *"Golpeo mi cuerpo y lo domino, no sea que, después de haber predicado a otros, yo mismo quede descalificado"* (1 Corintios 9:27 NVI).

La gente que practica el ayuno desarrolla fuerte disciplina.

10. Causa rompimiento espiritual

Hay ciertas fuerzas negativas trabajando en el ámbito espiritual que no cederán hasta que usted ore y ayune. Usted puede estar experimentando una crisis en su familia, sus finanzas, su salud o su trabajo, y esto se debe a que el enemigo ha levantado una pared para contenerlo, porque usted ha estado dando para el reino y sirviendo a Dios. Ahora es el momento de perseverar hasta alcanzar el rompimiento a través de la oración y el ayuno. Esa prueba, tribulación o circunstancia no cambiará hasta que usted ayune y ore.

En cierta ocasión Jesús reprendió y echó fuera a un demonio que estaba en un niño, luego que sus discípulos no habían podido expulsarlo. Cuando le preguntaron por qué ellos no habían tenido éxito en la liberación, Jesús les dijo:

> *Por vuestra poca fe; porque de cierto os digo, que si tuviereis fe como un grano de mostaza, diréis a este monte: Pásate de aquí allá, y se pasará; y nada os será imposible.* **Pero este género no sale sino con oración y ayuno.**
> (Mateo 17:20–21; vea también Marcos 9:29)

Jesús dijo que *"este género"* —una entidad demoniaca específica— no podía ser removida sin oración y ayuno. Es preciso tomar nota de Su declaración en nuestros días. Debido a que estamos en los últimos tiempos, Satanás ha desatado muchos espíritus malignos poderosos sobre la tierra. Entre esas entidades están los espíritus del anticristo, inmoralidad sexual, rebelión, anarquía, brujería, ocultismo, falsa religión, opresión, humanismo secular, religiosidad, intelectualismo y más. Esos espíritus saben que no les queda mucho tiempo antes que Dios los juzgue, por lo que están merodeando la tierra, buscando dañar y destruir. Están bloqueando a millones de creyentes, poniéndoles limitaciones y barreras, y obstaculizando su avance en el reino. Han creado crisis, circunstancias abrumadoras y problemas enormes en las vidas de muchos cristianos que necesitan desesperadamente un rompimiento. Recuerde, un rompimiento es un estallido repentino que lo empuja más allá de sus limitaciones, hacia la libertad. A menos que oremos y ayunemos, no podremos obtener la victoria ante esos ataques, alcanzando un rompimiento.

> **Los espíritus demoniacos de alto rango no son derrotados sin oración ni ayuno.**

Hubo un incidente en el ministerio de Pablo cuando fue confrontado por un espíritu maligno en una esclava, pero él no echó ese espíritu fuera inmediatamente. Esperó varios días antes de hacerlo. Creo que él debe haber orado durante todo ese tiempo por poder espiritual para vencer ese demonio.

Aconteció que mientras íbamos a la oración, nos salió al encuentro una muchacha que tenía espíritu de adivinación, la cual daba gran ganancia a sus amos, adivinando. Esta, siguiendo a Pablo y a nosotros, daba voces, diciendo: Estos hombres son siervos del Dios Altísimo, quienes os anuncian el camino de salvación. Y esto lo hacía por muchos días; mas desagradando a Pablo, éste se volvió y dijo al espíritu: Te mando en el nombre de Jesucristo, que salgas de ella. Y salió en aquella misma hora. (Hechos 16:16–18)

¿Necesita un rompimiento ahora? ¿Hay algo que está bloqueando su avance? ¿Hay algo que está constantemente limitándolo o restringiéndolo? ¿Está enfrentando un peligro? ¿Está enfermo en su cuerpo? ¿Está en medio de una guerra espiritual? ¿Está enfrentando una crisis en su mente o en sus emociones? ¿Necesita un milagro? Yo creo que es tiempo que usted proclame ayuno. Su espíritu necesita crecer y expandirse a una capacidad mayor para dar a luz victorias extremas inusuales en la esfera espiritual. Los demonios perciben cuando estamos caminando en una dimensión mayor de poder y autoridad, y el ayuno es una de las maneras en que nos apropiamos de ese poder y autoridad. Así que, después que termine el ayuno, y ocurra el rompimiento, ganará credibilidad en el ámbito espiritual, tal como lo hizo Pablo.

11. Sostiene el fluir de lo sobrenatural

Como indiqué anteriormente, cada vez que me doy cuenta de que disminuye la actividad espiritual en mi vida, vuelvo al ayuno y la oración, y de inmediato veo un aumento en la unción. Casi todos los que han caminado en lo sobrenatural y han tenido un ministerio de milagros han tenido un estilo de vida de ayuno y oración, el cual sostiene el fluir continuo de lo sobrenatural.

Esta generación de creyentes quiere un atajo al poder de Dios.

12. Es un medio para apropiarse del poder

En todos los puntos anteriores, vemos que el ayuno es un medio de apropiarse del poder de Dios para la sabiduría, la sanidad, la liberación, la unción, los milagros y mucho más. Una y otra vez, he tenido la experiencia de completar un ayuno y ver un aumento de Su poder y autoridad espiritual en mi vida. He visto milagros y liberaciones ocurrir más rápidamente, así como sanidades masivas, mayor fe y otras actividades espirituales. Cuando usted ayuna, se produce la ley del intercambio. El ayuno es un sacrificio de usted mismo. Usted se entrega a Dios y, a cambio, Él le da poder sobrenatural. Él hace depósitos de poder celestial en su vida mientras ora y ayuna.

ACERCA DEL AUTOR

El Apóstol Guillermo Maldonado es pastor principal y fundador del Ministerio Internacional El Rey Jesús (King Jesus International Ministry), en Miami, Florida, una iglesia multicultural, considerada entre las de más rápido crecimiento en los Estados Unidos. El Rey Jesús, está fundamentada en la Palabra de Dios, la oración y la adoración, y actualmente tiene una membresía cercana a las diecisiete mil personas. El Apóstol Maldonado es padre espiritual de más de 330 iglesias esparcidas a través de Estados Unidos, Latinoamérica, Europa, África, Asia y Nueva Zelandia, las cuales forman la Red del Movimiento Sobrenatural (antes llamada la Red Apostólica Vino Nuevo), que en conjunto congregan más de 600 mil personas. La formación de líderes de reino y las manifestaciones visibles del poder sobrenatural de Dios distinguen a este ministerio, cuya membresía constantemente se multiplica.

El Apóstol Maldonado es autor de más de cincuenta libros y manuales, muchos de los cuales han sido traducidos a diferentes idiomas. Entre sus libros más recientes con Whitaker House podemos citar, *Cómo caminar en el poder sobrenatural de Dios*, *La gloria de Dios*, *El reino de poder*, *Transformación sobrenatural*, *Liberación sobrenatural*, y *Encuentro divino con el Espíritu Santo*, todos los cuales están disponibles en español e inglés. Además, él predica el mensaje de Jesucristo y Su poder de redención, a través de su programa internacional de televisión, *Lo Sobrenatural Ahora* (*The Supernatural Now*), el cual se transmite a través de las cadenas TBN, Daystar, Church Channel y otras cincuenta cadenas de TV, alcanzando e impactando potencialmente más de dos mil millones de personas alrededor del mundo.

El Apóstol Maldonado tiene un doctorado en consejería cristiana de Vision International University y una maestría en teología práctica de Oral Roberts University. Actualmente vive en Miami, Florida, junto a Ana, su esposa y socia en el ministerio, y sus dos hijos, Bryan and Ronald.

4